# 高职生
# 职业生涯规划

GAOZHISHENG
ZHIYE SHENGYA
GUIHUA

陈　刚　主审

李　彬　侯宪春　主编

山东人民出版社·济南

国家一级出版社　全国百佳图书出版单位

**图书在版编目（CIP）数据**

高职生职业生涯规划 / 李彬，侯宪春主编 .-- 济
南：山东人民出版社，2019.8（2021.1重印）
ISBN 978-7-209-11998-6

Ⅰ．①高… Ⅱ．①李… ②侯… Ⅲ．①职业选择－高
等职业教育－教材 Ⅳ．①G717.38

中国版本图书馆CIP数据核字(2019)第180110号

**高职生职业生涯规划**

李　彬　侯宪春　主编

主管单位　山东出版传媒股份有限公司
出版发行　山东人民出版社
出 版 人　胡长青
社　　址　济南市英雄山路165号
邮　　编　250002
电　　话　总编室（0531）82098914
　　　　　市场部（0531）82098027
网　　址　http://www.sd-book.com.cn
印　　装　日照报业印刷有限公司
经　　销　新华书店

规　　格　16开（184mm×260mm）
印　　张　11
字　　数　160千字
版　　次　2019年8月第1版
印　　次　2021年1月第2次
印　　数　3001-5000
ISBN 978-7-209-11998-6
定　　价　28.00元
　　　　　如有印装质量问题，请与出版社总编室联系调换。

# 编 委 会

# 前　言 | PREFACE

在实践中，我们发现有各种有趣的职场现象。比如，至今仍有相当一部分大学毕业生，把毕业、就业、择业看作孤立的事件，以为其是人生的季节性快餐，认为成功多半维系在技巧上。于是，在个人的就业包装上下足了功夫。殊不知，一个人择业与就业的情况很大程度上是建立在理性基础之上的技术路线选择的结果。

首先，人必须认识自己，但这绝非一个轻松的话题。传说在古希腊，有人问泰勒斯："何事最难为？"他回答："认识你自己。"尼采也就这个话题大做文章，他说："我们无可避免跟自己保持陌生，我们不明白自己，我们搞不清楚自己，我们的永恒判词是：'离每个人最远的，就是他自己。'——对于我们自己，我们不是'知者'……"

其次，每个大学生必须将自己纳入一定的环境。只有与社会互动，才能取得双赢。从自己的良好愿望出发，并不一定能到达成功的彼岸，因为在这一过程中有着很多的"变数"。而"变数"就是你的职业生涯所处的政策环境、经济环境和社会环境等。

再次，现实的人生是一连串的抉择。可以说，我们是在不确定中把握确定，放弃就是另一种选择。成功者往往不仅赢在起点，也赢在转折点。如果你不主动定位，就会被环境"定位"。生命需要承担，更需要把握。

最后，要心动，更要行动。只要不把自己束缚在幻想的牢笼里，谁也束缚不了你展翅高飞。所有的成功者都有过坚持。

把以上这些"啰唆"的话用简洁的方式表达，即知己、知彼、抉择、行动。

我们的目标只有一个，就是帮助同学们冲出迷雾、走出困惑，实现职业生命的怒放。

这本书的编撰者有着多年的课程教学和职业指导经验。正因为此，在编写过程中，我们以工具化、方案化、轻松化和手册化为理念，避免艰涩，注重实用。我们深知，任何一种创新都有风险，这本小册子也不例外。但我们相信，经过实践的检验和多次改编，我们离目标会越来越近。

本书的编写参考了国内外诸多文献和资料，在此谨向有关原著者表示感谢！

编　者
2019年5月

# 目 录 | CONTENTS

# 第一章　梦想从职业起航

## 名人名言

我们需要一个献身的目标，以便把力量整合到一个方向，超越我们孤独的生存状态，超越此状态所造成的一切疑虑与不安之感，并且满足我们企求生活之意义的需要。

——[美]艾瑞克·弗洛姆

## 学习目标

### 认知目标

● 了解职业、生涯、职业生涯等基本概念。

● 了解职业生涯规划的必要性以及课程目标。

### 技能目标

● 具有突破障碍、开发潜能、主动塑造、积极创造的新理念。

● 掌握职业规划的步骤和方法。

● 感悟概念的明晰性，形成严谨的思维习惯。

**认知与实践**

对许多同学而言，上大学是一个新起点。但伴随而来的是新迷茫、新压力。比如，你能够自信而清晰地回答以下问题吗？

（1）我是独特的吗？为什么？

（2）什么能激发我的热情？

（3）能激发我热情的事物也是我擅长的吗？

（4）我的价值观是什么？

（5）对我来说，什么才是成功的人生？

（6）实现成功的人生需要什么样的平台？

（7）什么措施能够消除我的人生障碍？

（8）如何利用大学充分的自由时间塑造自己？

（9）离开大学时，我应该完成哪些任务？

（10）职业生涯规划就是帮助我找工作的吗？

为了应对这些新迷茫、新压力，我们着手比较系统地对同学们进行职业指导教育。本章作为第一章，你需要了解或掌握一些概念。这些概念既是学习本课程的关键，也是学习职业指导系列课程的基础。其逻辑线索是：职业，生涯与职业生涯（舒伯的观点），职业生涯规划的意义、步骤和方法。

## 一、认知概念

### （一）职业的内涵

职业是个人参与社会分工时所从事的具有经济性、专门性、稳定性等特征的社会劳动。

### （二）生涯与职业生涯

从逻辑的角度来说，"生涯"概念的范围大于"职业生涯"概念，即"职业生涯"只是"生涯"的一部分。

但是，由于"职业生涯"是"生涯"的重要部分或主要部分，在实际使用中，许多人把"职业生涯"等同于"生涯"。这一问题可以通过对"职业生涯"的广义和狭义界定来解决。

狭义的"职业生涯"是指从入职到退休的人生历程。

广义的"职业生涯"等于"生涯"，是指从出生到死亡的生命历程。其理由是：入职前的经历是对入职的准备，退休后的生活是职业的"馈赠"或延续（如退休后的返聘、创业、发明创造等）。

当前，发展趋势是职业规划要拓展到生活规划。因此，多数人是从广义的角度来理解"职业生涯"的。这种对"职业生涯"概念的拓展，也意味着在公共政策层面把原来局限于学校的职业指导教育延伸到工作阶段。

简言之，职业生涯是生活中以职业为核心的各种事态的演进方向和历程，并由此表现出个人独特的自我发展形态。这一过程包括职业认知、职业准备与探索、职业能力获得与提升、职业选择与调整、职业巩固与发展、职场新人培养与职业退出等阶段。

一般来说，职业生涯的这种演进既包括客观事件，如职位的变化、学历的提升等，也包括主观解读（内心体验），如工作目标、价值选择等。

职业生涯可分为内职业生涯和外职业生涯。内职业生涯是指在职业生涯发展中通过提升自身素质与职业技能而获取的个人综合能力、社会地位以及荣誉的总和，它是别人无法窃取的人生财富。外职业生涯是指在职业生涯过程中所经历的职业角色（职位）以及获取的物质财富的总和，它依赖于内职业生涯的发展。

---

【练习】

### 我的生命线

准备一支红蓝铅笔，这样就可以用颜色区分心情。然后，把第五页横放，请你在这条线的上方"＿＿＿＿的生命线"的画线处写上你的名字。在线条的右侧，标上你为自己预计的生命长度，可以写120岁。

请你在线条上找到你目前所在的那个点，标注出来。在你标记的左边，代表着你的过去岁月，把对你有重大影响的事件标出来。如果你觉得是件快乐的事，你就用鲜艳的颜色来标出，并写在生命线的上方；否则，就用暗淡的颜色来标记，写在生命线的下方。比如，10岁时，你的祖母去世，她的离世对你造成了极大的创伤，你就写在10岁对应的下方位置。

完成了过去时，我们进入将来时。既然是一生的规划，你可以尽情地、自由地畅想。这时，你会不会反而有些迷茫，不知所措？

不过不要紧，在你的坐标轴线上，你这一生想干的事，比如什么年龄准备挣多少钱、有什么样的车、住什么样的房子、建立什么样的家庭、获得什么样的职务、培养什么样的兴趣等，都可以用标记来畅想。

在大家的标记中，会不会对未来的畅想是美好多一些、挫折少一些？事实上，我们生活在一个不断变化并受"环境"制约的世界里，困难与挫折始终与理想相伴随。为了让我们独特的生命活出精彩，让我们的理想与现实更近，我们就需要进行职业生涯规划。

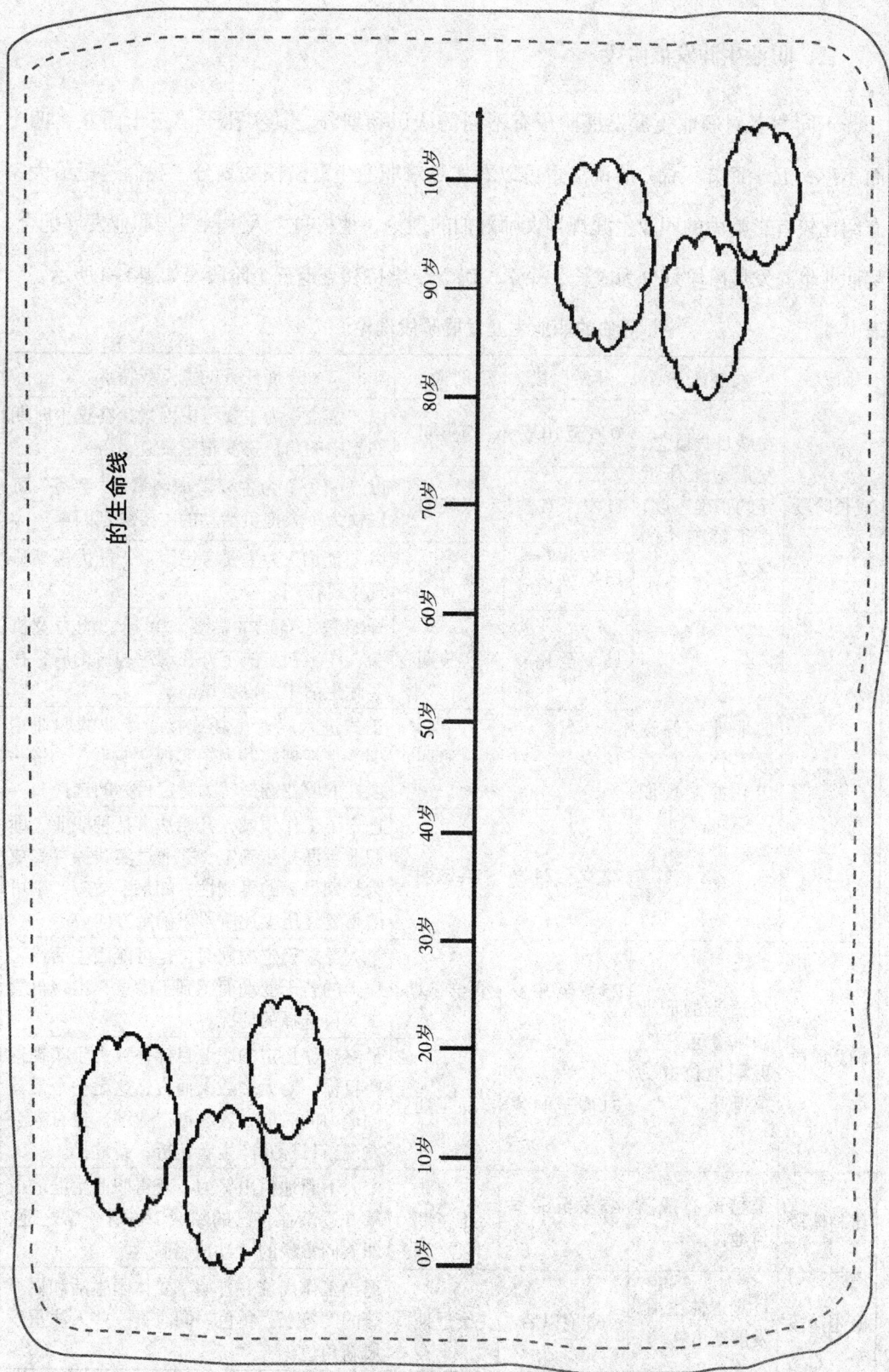

——的生命线

0岁 10岁 20岁 30岁 40岁 50岁 60岁 70岁 80岁 90岁 100岁

## 二、职业生涯发展阶段

不同学者对职业生涯发展阶段有不同的认识和划分。其实孔子"三十而立，四十而不惑，五十而知天命"的说法也可以看作是对职业生涯阶段的划分。我们这里给大家介绍比较有影响力的职业生涯规划大师舒伯的理论，他将每个人生阶段与职业发展配合，将职业生涯发展阶段划分为成长、探索、确立、维持和衰退五个阶段。如表1-1所示：

表1-1 　　　　　　　　舒伯的职业生涯发展阶段理论

| 阶段 | 发展任务 | 年龄跨度 | 时期 | 发展任务的重点或特点 |
|---|---|---|---|---|
| 成长阶段 | 发展自我概念，发展对工作世界的正确态度，并了解工作的意义。 | 0岁至10岁 | 幻想期 | 以"需要"为主要考虑因素，在这个时期幻想中的角色扮演很重要。 |
| | | 11岁至12岁 | 兴趣期 | 以"喜好"为主要考虑因素。"喜好"可以视为个人抱负活动的主要决定因素。 |
| | | 13岁至14岁 | 能力期 | 以"能力"为主要考虑因素，能力逐渐显现重要作用。 |
| 探索阶段 | 使职业偏好逐渐具体化、特定化并实现职业偏好。 | 15岁至17岁 | 实验期 | 开始考虑自己的需要、兴趣、能力及机会，作出初步决定并在幻想和讨论后，在实际生活中加以尝试。 |
| | | 18岁至21岁 | 过渡期 | 正式进入就业市场或接受专业的职业培训，重视现实并力图实现"自我"，将一般性的职业选择转为特定目标的选择。 |
| | | 22岁至24岁 | 尝试期 | 选定了工作领域，开始从事某种职业，即职业生涯初步确定，并通过实践探寻其成为长期目标的可能性，如果不适应，则可能重复经历上述阶段以确定方向。 |
| 确立阶段 | 在适当的职业领域稳定下来，巩固地位并力求晋升。 | 25岁至30岁 | 再尝试期 | 个人寻求稳定的同时，也可能因生活或工作上的若干变动而感到不满意，出现再尝试、再选择的情况。 |
| | | 31岁至44岁 | 稳定期 | 最终确立稳定的职业目标并致力于实现这些目标。对大多数人而言，这是一个最具创造力的时期，容易创造业绩。也有人会发现新目标并产生新转折、新危机。 |
| 维持阶段 | 维持既有成就与地位。 | 45岁至64岁 | 维持期 | 个人不断地付出努力，获得职业生涯的成就并逐渐在自己的领域中占有一席之地，即人们常说的"功成名就"。 |
| 衰退阶段 | 计划退休生活，发展新角色。 | 65岁以后 | 衰退期 | 退出工作岗位并开始享受休闲生活和更显著的"家长"角色。同时，一些人注重发展新角色。 |

在上述舒伯的职业生涯发展阶段中，每一阶段都有一些特定的任务需要完成，而且前一阶段发展任务的达成与否关系到后一阶段的发展。同时，我们发现，舒伯已经给我们准备好了"延迟退休"。

为了综合阐述生涯发展阶段与角色彼此间的相互影响，舒伯创造性地描绘出一个多重角色生涯发展的综合图形——生涯彩虹图（图1-1），形象地展现了生涯发展的时空关系，更好地诠释了生涯的定义。在生涯彩虹图中，纵向层面代表的是纵观上下的生活空间，由一组职位和角色所组成。分为子女、学生、休闲者、公民、工作者、持家者六个角色，他们交互影响形成个人独特的生涯类型。

舒伯认为，个人在发展的历程中随年龄的增长而扮演不同的角色。下图的外圈为主要发展阶段，内圈部分的范围，长短不一，表示在该年龄阶段各种角色的分量；个人在同一年龄阶段可能同时扮演数种角色，因此彼此会有重叠。

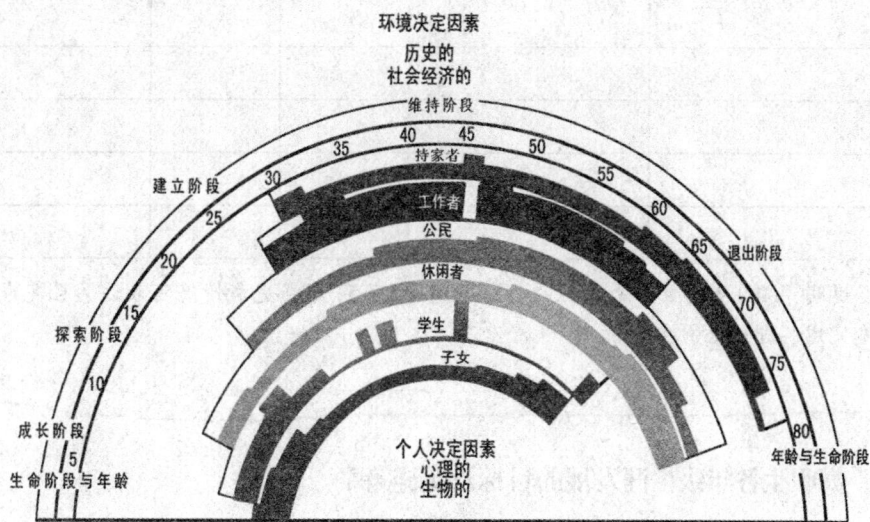

图1-1 舒伯的生涯彩虹图

关于舒伯的理论，结合生涯彩虹图，需要特别强调的是：

（1）大学阶段属于探索期末端。

（2）舒伯更注重职业对人的"意义"。

（3）舒伯认为生涯有三个维度：长度、广度和深度。

（4）完美的人生，未必仅仅依赖于职业角色。非职业角色也使人生有自我实现的可能性。

通过学习以上理论，比如"大学阶段属于探索期"的观点，尝试以下练习，然后进一步探索各年级的目标及实施步骤。

## 【练习】

### 我的大学任务清单

当你离开大学校园的时候，你认为需要完成哪些任务呢？

**我的大学任务清单**

| 我认为在大学最应该完成的七件事情 | 理由 | 重要性 | 紧迫性 | 完成情况 |
|---|---|---|---|---|
|  |  |  |  |  |
|  |  |  |  |  |
|  |  |  |  |  |
|  |  |  |  |  |
|  |  |  |  |  |
|  |  |  |  |  |
|  |  |  |  |  |

说明：（1）重要性和紧迫性的打分区间是1—5；（2）完成情况可表述为已完成、基本完成、进行中、准备中。

## 三、高职生各年级生涯发展的目标及实施策略

舒伯进一步认为，在生涯发展中，各个阶段同样要面对成长、探索、确立、维持和衰退的问题，因而形成"成长—探索—确立—维持—衰退"的循环。举例来说，一个大学一年级的新生，必须适应新的角色与学习环境，经过"成长"和"探索"，一旦"确立"了较为固定的适应模式，同时"维持"了大学学习生活之后，又要开始面对另一个阶段——准备求职。原有的已经适应了的习惯会逐渐衰退，继而对新阶段的任务又要开始"成长""探索""确立""维持"与"衰退"的过程，如此周而复始。依据这个思路，我们可以大致确定高职生各年级生涯发展的目标及实施策略。

（一）大学一年级：探索期

1.阶段目标

适应大学生活，树立规划意识。

2.实施策略

（1）了解大学和中学的不同，树立新的奋斗目标。

（2）学会如何读大学，完成从中学生到大学生的角色转变，尽快适应大学生活。

（3）开始自我和职业的探索，树立职业规划意识。通过职业测评等工具全面客观地探索自己，思考有哪些职业与自己所读的课程、专业相吻合，通过互联网、报纸杂志等渠道进一步了解从事这些职业需要什么条件。

（二）大学二年级：定向与提升期

1.阶段目标

确定主攻方向，提升职业技能，积累职业经验。

2.实施策略

（1）虚心请教师长和校友，根据自己的发展意愿选定主攻方向，如果有必要、有条件的话，同时辅修其他课程和专业。

（2）建立合理的知识结构，注重专业能力培养，参加可获得英语证书、计算机等级证书、普通话水平证书等工具性证书的考试。

（3）参加学生会或社团工作，培养自己的组织协调能力和团队合作精神，提升自己的综合素质。

（4）尝试兼职、实习等，积累一定的职业经验。

（5）学习求职技巧，学会制作简历、求职信，了解面试技巧和职场礼仪。

（6）如果决定升本，要做好复习准备。

（三）大学三年级：冲刺期

1.阶段目标

充分掌握资讯，实现毕业目标。

2.实施策略

（1）扩大校内外交际圈，加强与校友、职场人士的交往，参加校园招聘会，积累与面试官进行沟通的经验。

（2）留意学校就业中心、网络等渠道的招聘信息，学会分析、筛选并应用这些信息。

（3）登录招聘单位网站或通过咨询、访谈等方式，进一步了解相关职业信息，为面试做准备。

（4）选择实用性高的毕业设计题目，借机证明自己的应用研究能力。

（5）学会就业心理调节，始终保持自信和主动。

（6）学习《中华人民共和国劳动合同法》等相关法规，学会维护自己的各种权益。了解相关城市引进人才的相关公共政策，把政策变成自己可利用的资源之一。

## 四、职业生涯规划的意义

职业生涯规划的意义主要体现在必要性和充分性两个方面。

### （一）职业生涯规划的必要性

理解了以上内容，特别是关于职业和职业生涯的概念，同学们可能已经发现或思考：

（1）即使从事同一职业的人也具有独特性。

（2）人们对同一"职场事件"的体验与解读往往不同。

（3）职业具有广泛的差异性，这种差异性也提供了选择性。

（4）由于"专门"，不同职业的转换可能要付出比较高的成本（如机会成本、时间成本等），而生命是有限的。

（5）虽然你有兴趣，但你不可能适合从事多种职业并有能力这样做。

（6）职业活动既然是一种社会活动，其选择也受到社会的制约。

（7）职业生涯是生命历程中最重要的经历之一。

（8）顶层设计的"规划"会让我们尽可能地避免摸着石头过河的状态。

（9）如果人生有捷径，那么就是有规划的人生。"规划"的人生更精彩。

（10）独一无二的"我"与"职业"之间如何实现最佳匹配？

今天，因为产业结构、行业结构、社会结构，以及由它们决定的职业结构发生变化的速度加快，"职业革命"方兴未艾，需要主动适应变化。未来属于那些在机会显现以前就能够预测并做准备的人。

由于以上种种原因，职业生涯需要规划。

（二）职业生涯规划的充分性

我们知道，工作、职业、事业、生涯这些概念是不同的，越往后概念的范围越大。可能工作让你养家糊口，职业让你如鱼得水，事业让你夙夜在公，而生涯让你名垂青史，不枉此生。

一个人从生到死是一个自然过程，这不是发展。职业生涯规划的目的是在自然过程的基础上，让人有"内在突破"的冲动、念想、能力和方法。通过突破障碍、激发潜能、自我实现，让被动接受转换为主动塑造、积极创造。同时，这一过程可能是曲折的、螺旋式上升的过程。这就要求我们在不同阶段都能对自己的过去、现在和未来有一个重新审视、反馈和调整，把"顶层设计"和适应变化结合起来，追求由"意义"驱动的生命，实现怒放的生命。

简言之，职业生涯规划不仅是理念，也是方法。职业生涯规划可以帮助我们实现科学的就业与择业，但我们不能把它等同于"找工作"。以下案例也形象地说明了这一问题。

**【案例】**

### 元元的经历

中学毕业后，我在外为生活四处奔波；元元却上了大学，似乎事事都挺顺利。在这分开的十几年里，我们每隔一两年聚餐一次。每一次我都喜欢问他同一个问题：你将来想干什么？

下面记录的是元元在不同人生阶段的回答。

18岁，高中毕业典礼上："我要当李嘉诚第二，要成为中国首富。"

20岁，春节老同学团聚会上："我想创立属于自己的公司，30岁时能拥有资产2000万元。"

23岁，元元还在某厂当技术员，第二职业是炒股。话语间他似乎正在为离开这家工厂做准备，因为觉得工作没有前途。他还在全力炒股，希望"三年内炒到300万元"。

25岁，他炒股失意而情场得意，准备结婚。他希望一年后能有20万元，可以比较风光地结婚。

26岁，在结婚典礼上，他希望能生一个胖小子，不久的将来当个车间主任。

28岁，他所在的企业效益不好，正值妻子怀孕，父母身体也不大好，他感到身心疲惫。他很希望不要被裁员。

30岁，迫于养家糊口的需要，他不得不去了另一家公司，但公司从事的业务和他的专业并没有直接的联系。元元说他正在准备考取相关的资格证书。

32岁，随着国家"双创"政策的落地，元元辞职创办了一家从事贸易的公司。他说："太有挑战了，一切从头来。"

很显然，元元没有做好自己的职业生涯规划。

缺乏职业规划的就业就如同一艘没有航向的船，来自任何方向的风都可能成为逆风。

## 五、职业生涯规划的步骤

### （一）认识自我

#### 1.意识唤醒

你应该意识到职业生涯规划的重要性，并愿意花时间来思考职业生涯。同时，也要认识到我们所播下的种子，未必能马上发芽，我们应该有足够的耐心和雄心。

#### 2.自我探索

自我探索主要包括：喜欢干什么——职业兴趣；适合干什么——职业性格（探索的范围再大一点，即人格特质）；能够干什么——职业能力；看重干什么——职业价值观。其中，职业价值观处于核心地位。

### （二）认识职业

#### 1.职业"大环境"

职业"大环境"对个人职业生涯发展的影响虽然具有间接性，但没有人能够逃脱大环境的影响，任何一种职业都是社会中的职业。

（1）政治环境：一个人的发展离不开政治环境，个人的规划要建立在政治认同的基础之上。

（2）经济环境：了解宏观经济状况、产业经济政策等。

（3）文化环境：每个人从出生就存在文化继承并在一定的文化模式下成长，个人所选择的职业发展道路需要与这种文化模式相契合。当一个国家处于经济中高速发展阶段时，可能大家普遍重视物质文化。但是，对一个具体的人而言，精神文化、制度文化和行为文化也是需要考虑的重要因素，比如分析你看重的特殊"文化偏好"与一般的文化环境之间的契合程度，这种分析往往与你的职业价值观密切相关。

（4）社会环境：了解与职业相关的从业道德状况、社会心理、舆论氛围等。

（5）法律政策环境：一般而言，对于新生事物，遵循审慎监管、过程监管的监管原则，但如果已经造成了恶劣影响，公共政策将会调整。比如国家对直销牌照发放的监管以及从业人员的黑名单制度。

特别提醒：对职业"大环境"的分析结果可能只是言简意赅的一些话，但你不能省略这个重要的思维过程。对以上问题的了解也不可能单独依靠本课程来实现，它取决于同学们对相关课程的学习程度，特别是对人文素养课程的学习程度；它也取决于同学们平时的视野、格局和关注。

2.职业"中环境"

职业"中环境"对个人职业生涯发展的影响比较直接。职业"中环境"分析主要是指对地域环境和行业环境进行分析。

（1）地域环境：如相关地域的人才分布、人才竞争、发展机会、空气质量、风土人情等。

（2）行业环境：如行业历史与现状，行业创新与前景，行业特点、优势或地位，同业竞争情况，产业政策与行业的关系（支持、限制或鼓励），期望行业的职业分类及内容等。

3.职业"小环境"

职业"小环境"对个人职业生涯发展的影响最直接。

职业"小环境"主要是指企业环境。如企业历史、性质、声誉以及行业地位，企业发展战略、目标与盈利模式，企业产品或服务以及产品或服务的上下游关系，企业文化、制度以及对员工的社会保障，企业领袖的风格与特质，企业的社会责任、环保措施，企业人力资源部门对员工职业生涯的规划与管理，培训制度、继续教育机会与职位成长通道，岗位职责、工作标准和任职条件，薪资待遇的水平、结构和财务状况，当前企业员工对本企业的评价等。

### （三）作出抉择

常言道，选择大于努力。罗素说，选择职业，就是选择将来的自己。在知己、知彼的基础上，你需要作出抉择。

**1.职业目标的抉择**

明晰的职业目标是职业生涯规划的核心。这种抉择是在确定职业方向的前提下，以自己最佳的能力、最优的性格与气质、最大的兴趣、最有利的环境等为依据作出的。

**2.职业路径的抉择**

在确定了职业目标之后，就要考虑实现这一目标的路径，即制定职业生涯路径。

从大的方面来说，职业发展的领域有两种形态：技术形态和管理形态。在此前提下，比如选择行政管理路径或专业技术路径、先行政管理再专业技术的结合式路径、就业—深造—再就业的路径、体制内或体制外路径等。另外，也可以依据行政管理、市场营销、技术研发、服务支持、创新创业等思路考虑职业路径。

从小的方面来说，职业发展路径由一个个具体的职业阶梯构成。比如助理工程师、工程师、高级工程师等。应该考虑每一阶梯在学历、经历、能力等方面的要求。

这一部分还要注意职业目标的分解与组合。比如：概念目标与行动目标、内职业生涯目标（如职业素养提升）与外职业生涯目标（如相关阅历）、短期目标与长期目标、目标的表现功能与手段功能、不同目标之间的因果关系与互补性等。

### （四）立即行动

行动，是指落实目标的具体措施。既然"知道了"，就要"行动"。知行合一是一个古老的哲学话题，也承载着我们民族的"基因"。为了实现你的职业目标，需要将80%的时间和精力用来做20%的最重要的事情。

1.行动策略的制定

行动策略因人而异，一般有：

（1）一步到位型。指利用已有的条件，直接实现目标。

（2）多步趋进型。指选择一个和方向接近的职业，然后逐步实现。

（3）从业期待型。指选择一个职业投入工作并培养、打磨自己的通用能力，等待时机实现目标。

（4）深造型。如果实在没有愿意从事的工作又有良好的学业基础，可以进一步为提升符合方向的学历做准备。

2.其他准备

行动方案还包括求职准备、信息获取、简历与面试技巧、训练、教育、资质、心态等方面。

（五）反馈与修正

反馈与修正实际上就是对职业生涯进行管理。由于现实中客观存在着许多不确定因素，你常常会感到这世上唯一不变的事情就是所有事情都在变。要使职业生涯规划行之有效，就要适时对规划进行修正，在动态中有效把握职业生涯目标。修正一般涉及：

（1）自我认知的修正。

（2）规划内容的修正。

（3）发展目标的修正。

（4）发展路径的修正。

（5）行动方案的修正。

完成了以上所有步骤，你最好能写一个高度概括的结束语。

【活动】

### 有目标便有关注

明晰的职业目标是职业生涯规划的核心。这个道理你还可以通过以下活动来体验。

首先，请你服从老师的指令，闭上眼睛。

老师提示：回忆一下红颜色的事物。

然后，请你睁开眼睛，看看身边有没有被遗漏的事项。

大家知道，红色是很显眼的色彩，但是你能列举出来的红色事物可能不多。为什么"显而易见"会成为"视而不见"？这是因为，在心理学中，有一个概念叫"选择性注意"。意思是说当同时存在多种信息的情况下，你倾向于选择自己关注的信息。你忽略的信息，其实可能一直存在于你的身边，但没有引起你的关注，因为它不是你的目标。是目标帮助我们聚焦"能量"，是目标唤醒我们去组织资源。

## 【案例】

### 关于"目标"的调查

哈佛大学曾有一项历时25年的关于人生目标的著名调查，其结果说明目标对人生有导向作用。可以说，有了目标就不怕路远。

调查发现，在一批学历、智力和其他条件相似的毕业生中，有27%的人没有目标，60%的人目标模糊，10%的人有清晰但短期的目标，只有3%的人有清晰而长远的目标。

25年后，再次对这群学生进行调查，结果发现：当年3%有长远目标的人，大都成为社会各界的领袖和精英；10%有短期目标的人，成为各个领域中的专业人士，大多生活在社会的中上层；60%目标模糊的人，有安稳的生活与工作，但基本上没有什么特别的成就；27%没有目标的人，过着抱怨的生活，他们抱怨自己、抱怨家庭、抱怨社会、抱怨这个"不肯给他们机会"的世界。

### 六、职业生涯规划的方法

实际上，你只要掌握了职业生涯规划的步骤，必然已经涉及方法。此处作为一个问题单独提出来，方便同学们系统地了解。

（一）"5W"分析法

"5W"分析法是用5个"W"来思考职业生涯规划。具体来说，就是要解决职业生涯规划的5个具体问题。

1. Who am I?（我是谁？）

是指对自己进行深刻的认知，包括对自己的兴趣、职业性格、气质、能力、价值观等方面有一个科学、全面、客观、清醒的认识。

2. What will I do?（我想做什么？）

是指要清楚自己想要什么样的职业和什么样的生活，这是对自己职业发展的心理倾向分析。

3. What can I do?（我能做什么？）

是指要清楚自己能干什么或在哪些方面可能有发展潜力，是对自己能力的检视。个人职业目标的定位要以自身的能力为基础，职业发展空间在一定程度上取决于自身能力的大小。要把在实践中已经证明过的能力和自认为还可以开发的潜能进行综合分析，重点突破。

4. What does the situation allow me to do?（环境允许我做什么？）

主要是指环境资源的支持，思考这种支持是否有助于自我发展。你可以通过对主客观因素的深入调查，做可行性分析，认真思考自己可能获得的支持和遇到的挫折。

5. What is the plan of my career and life?（我的生涯规划是什么？）

这是确立自己的最终职业目标。对这个问题的回答要建立在对以上问题分析的基础上。

（二）SWOT分析法

SWOT分析法是了解我们自己和环境的一种简便方法，20世纪80年代初由美国旧金山大学管理学教授韦里克提出。"SWOT"是英文单词strength（优势）、weakness（劣势）、opportunity（机会）、threat（威胁）首字母的组合。

【练习】

### 我的个人宣言

我的人生使命：

_____

_____

_____

我对家庭的承诺：

_____

_____

_____

我对社会的承诺：

_____

_____

_____

我的人格宣言：

_____

_____

_____

我想成为一个什么样的人：

_____

_____

_____

_____

在我离开这个世界时，我希望留下什么：

_____

_____

_____

谨在此承诺，尽我一生最大的努力，将父母给予我的才能与天赋完全发挥出来，朝着设定的方向前进。

**我的感悟**

本次课程我感触最深的地方是：

我将做如下改变：

时间期限：

### 延伸阅读

### 一、职业指导教育的发展历程

本课程作为职业指导教育的系列课程之一，同学们有必要在课后通过阅读，从宏观上大致了解一下这类课程的发展历程。

职业生涯规划起源于20世纪初的美国。当时，有一位叫帕森斯的学者，针对大量年轻人失业的状况，建立了波士顿职业局，首次提出"职业指导"的概念。第二次世界大战中对大量不同人才快速分类和分配的需要以及战后对复转军人就业安置的需要，推动了职业指导的发展。与此同时，职业指导的理论伴随西方心理学，特别是个性心理学的发展逐步完善。20世纪50年代，霍兰德提出了人格与职业匹配的理论。到70年代，施恩的职业锚理论使得个性测量更具有了职业针对性。美国心理学家罗杰斯认为，人类有机体有一种天生的自我实现的动机，个性就是一个人根据自己对外在世界的认识而力求自我实现的行为表现。罗杰斯强调以当事人为中心的"人本主义"，关注人的发展潜能和自我选择的能力，尊重和支持人的自由发展的权利，使职业指导的重点由开发职业能力测试的技法向职业咨询的方法转变。罗杰斯的理论也应用在心理治疗实践中并被定义为"非指导性疗法""患者中心疗法"。另外，以发展心理学为理论背景的职业指导专家认为，人的职业心理萌芽于童年并且在一生中不断发展，应注重研究人在每个职业生涯发展阶段的特征和任务。1971年，美国联邦教育总署署长西德尼·马兰在"全面的教育改革"中提出职业生涯教育构想，旨在解决学校教育与社会对人才需求的脱节问题，引导学生从"升学主义"的潮流中逐渐醒悟，转向"职业发展"的正确途径。这个构想得到了美国政府的认同，成为现代美国教育最有影响的变革之一。1972年，时任美国总统尼克松宣称，生涯教育是"由政府创办的一种最有前途的教育事业"。1974年，美国国会通过了第一个生涯教育法案，设立了隶属于教育部的"生涯教育署"。1984年，美国国家职业指导协会正式易名为"国家生涯发展协会"。

目前，职业指导教育在国外已经形成了较为成熟的理论和方法，许多发达国家的高等学校已把该课程纳入教学安排。特别需要说明的是，在发达国家，由学校承担的职业生涯辅导是从幼儿园开始的，在进入高校之前，学生已经历了对生涯的认识、探索和准备阶段。因此，进入大学前，青年学生基本已经明确社会需要什么样的人，自己要成为什么样的人，为实现这样的人生目标需要如何安排自己的学习和培训等。

在我国，职业指导类教育（或称生涯教育）起步早，但发展慢。早在1915年，《东方杂志》上就刊登有对西方职业指导教育的介绍。其后几年，邹韬奋先生研究和编译了一大批职业指导著作。1927年，上海职业指导所成立。这是我国第一个为社会提供服务的职业指导组织。20世纪三四十年代，我国职业指导的研究和实践被迫中断。

我国的职业指导教育深受国家就业制度和经济、政治、文化等因素的制约。中华人民共和国成立后，我国实行计划经济体制和人员统包统分的配置与使用制度，职业选择和人员流动的空间极其有限。随着社会主义市场经济体制的建立和我国高等教育从"精英教育"走向"大众教育"，高校必须满足社会取才的多元化要求。在此背景下，高校毕业生就业制度改革不断深化，"市场导向、政府调控、学校推荐、学生与用人单位双向选择"的基本制度已经确立，职业指导不仅成为可能，而且成为必要。1994年9月，原国家教委基础教育司下发《普通中学职业指导纲要（试行）》，明确提出要在初中、高中开设"职业指导"课程。1995年5月，原国家教委办公厅发出《关于在高等学校开设就业指导选修课的通知》，建议在高等学校三年级或四年级学生中开设就业指导选修课。2003年，教育部在《关于进一步深化教育改革，促进高校毕业生就业工作的若干意见》中明确规定："加强毕业生就业指导，将就业指导课作为学生思想政治教育的重要组成部分，并纳入日常教学。"国务院办公厅《关于切实做好2007年普通高等学校毕业生就业工作的通知》明确提出"将就业指导课程纳入教学计划"的要求。2007年，教育部办公厅下发《关于印发〈大学生职业发展与就业指导课程教学要求〉的通知》，明确要求，"从2008年起提倡所有普通高校开设职业发展与就业指导课程，并作为公共课纳入教学计划，贯穿学生从入学到毕业的整个培养过程"。同时，该文还进一步明确了课程的教学目标、内容、方式、管理与评估，要求各高校要按照要求，结合本校实际，制订科学、系统和具有特色的教学大纲，促进高校毕业生就业。

此后，各地高校行政管理部门也都出台了相应的措施，逐步提高了职业指导课程在课程体系中的权重。淄博职业学院从建校之初就重视职业指导教育，在省内高职院校中较早开设了"就业指导"和"职业生涯规划"课程，目前已经形成了具有本院特色的、包括"职业素养"和 "创业指导"在内的职业指导系列课程。

## 二、职业生涯规划的原则

制定职业生涯规划要综合多种因素，找出制约条件，全面认识问题，权衡利弊，综合分析。只有这样，才能制订出科学可行的职业生涯规划。制订职业生涯规划，一般要遵循以下原则：

（一）战略性原则

要求在制订职业生涯规划时把握好大局。

1.所学专业与提高职业核心能力相结合的原则

大家在每一个专业中都能学到一定的专业知识和技能。但在这个"职业革命"的工业4.0时代，你要更多地从专业出发，关注和锻造自己的职业核心能力，充实自己职业生涯规划的基础资源。

2.分目标与总目标的一致性原则

一个好的职业规划，既要有长远眼光，也要脚踏实地，要做到远近结合、统分结合。分目标与总目标、短中期目标与长期目标是一个系统，它们之间应该具有适应性和连续性。同时，分目标应该符合增强身心健康的潜在目标。古希腊哲学家赫拉克利特曾指出："如果没有健康，智慧就难以实现，文化无从施展，力量不能战斗，财富变成废物，知识也无法利用。"

（二）战术性原则

1.择世所需

个人离不开社会，个人的作用要在一定的社会条件下才能充分发挥出来，要把个人想法与社会需求相结合；要把社会需要作为出发点和归宿，以社会为平台提高塑造自己的可能性。

2.择己所长

特长是职业、事业成功的保证。择己所长，才能在职场上具有"比较优势"。

3.择己所爱

从事你所喜欢的职业，本身就是一种意义，也更容易做出成就。丁肇中先生说：

"兴趣比天才更重要。"爱因斯坦说："兴趣是最好的老师。"

**4.具体可行**

一个好的职业规划，目标应该明确而具体.措施应该现实可行。

## 三、个人职业生涯规划的特征

个人职业生涯规划有三大特征：个性化、开放性和可操作性。

### （一）个性化特征

个人职业生涯规划必须由"我"自己来主导。马斯洛的需求理论告诉我们，发展的动力源泉归根结底在于我们自身。每个人的成长环境、文化背景、人格类型、价值观念、对成功的评价以及择业标准等不尽相同，反映在职业生涯规划上，必然具有独特性，结果是呈现千姿百态的具体规划。因此说，个人职业生涯规划是个性化的发展蓝图。没有人能代替你思考，更没有人能代替你发展。

### （二）开放性特征

首先，开放性特征是指制定过程的开放性。如上所述，一个有效的职业生涯规划虽然是个性的，但也一定不是闭门造车。在制订职业生涯规划时，你不能刚愎自用，要有开放的心态。在对主客观环境进行分析的基础上，要广泛听取上级、同事、家人、老师、朋友以及职业顾问的意见，但最后做决策的仍然是你自己。其次，开放性特征是指在这个不断变化的社会里，有效的个人职业生涯规划要适应变化，为变化预留空间，及时反馈和修正。

### （三）可操作性特征

职业生涯规划不是一种形式，也不是为了完成学业的作业，而是指导个人职业发展的方案。发展阶段的划分、发展措施的确定、发展策略的思考、发展路径的选择、发展障碍的突破等，最终都要看执行效果，所以规划必须具有可操作性。

**相关资源**

1.钟谷兰、杨开著：《大学生职业生涯发展与规划》，华东师范大学出版社2008年版。

2.陈德明、祁金利主编：《大学生生涯规划与管理》，高等教育出版社2008年版。

# 第二章 职业气质与性格：适合干什么

名人名言

每个人都有他隐藏的精华，和任何别人的精华不同，它使人具有自己的气味。

——[法]罗曼·罗兰

## 学习目标

认知目标

● 认识到每个人都有与众不同的气质。

● 了解气质、性格与职业的最佳匹配。

● 理解气质、性格的分类及特征。

技能目标

● 了解自己的性格特征与气质特征。

● 能够利用 MBTI 性格理论与气质理论探索自己的职业性格与职业气质。

● 思考气质、性格对职业的影响，从而在职业选择与发展中扬长避短。

**认知与实践**

## 一、认识自我

古希腊时期著名的戴尔波伊神托所的入口处，矗立着一块巨大的石碑，上面醒目地写着："认识你自己！"正如世上没有完全相同的两片树叶一样，每个人都是独一无二的，都具有自己的个性。

大学生只有了解了自己的个性，才能更合理地选择适合自己的职业。能够在最早的时间里认识自己的人是幸福的，他们的人生将比晚了解自己的人少很多挣扎，多许多从容与淡定。个性是在个体身上经常地、稳定地表现出来的心理特点的总和。职业个性主要包括职业性格与气质、职业兴趣、职业能力、职业价值观等，它们都影响甚至决定着人的职业选择。

大学生认识自我个性的方法主要有自我反思（橱窗分析法）、与别人比较、分析他人对自己的评价、分析活动的成果和自我表现以及心理测试等。

其中，橱窗分析法根据"自己知道—不知道"和"别人知道—不知道"两个维度，将职业自我分成四个橱窗，即公开我、隐私我、背脊我和潜在我，如图2-1所示。

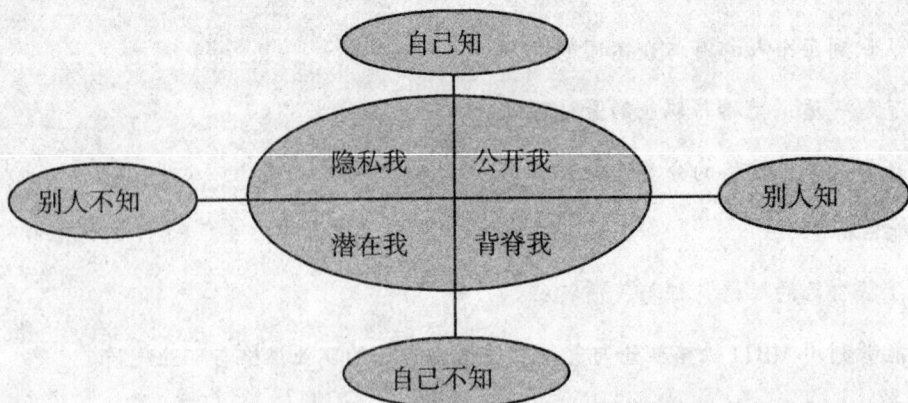

图2-1 职业自我的橱窗分析图

橱窗1：公开我，属于个人展现在外、无所隐藏的部分。

橱窗2：隐私我，属于个人内在、私有、不愿被外人发现的部分。

橱窗3：潜在我，就像地下的矿藏资源不被人知晓，但是蕴藏着无限潜能，有待开发。

橱窗4：背脊我，犹如一个人的背部，自己看不到，别人却看得很清楚。

"背脊我"和"潜在我"是自我中的盲区。因此，这两个部分是自我探索的重点。自我探索的目的就是减少"背脊我"和"潜在我"在职业自我中所占的比例，扩大"公开我"和"隐私我"所占的比例。

【练习】

### 10个"我是谁"

我是_____

我是_____

我是_____

我是_____

我是_____

我是_____

我是_____

我是_____

我是_____

我是_____

### 我是一个怎么样的人

最大的优点：

_____

_____

_____

_____

最大的缺点：

_____

_____

_____

最骄傲的是：

_____

_____

_____

最后悔的是：

_____

_____

_____

最想做的是：

_____

_____

_____

最喜欢的是：

_____

_____

_____

给人印象最深刻的是：

_____

_____

_____

自我总体评价：

_____

_____

_____

## 二、气质与职业匹配

### （一）气质及分型

气质是指个人进行心理活动时表现在力量的强弱、变化的快慢、稳定性、指向性等方面的心理特征的总和，是与生俱来的。气质类似于我们平时常说的人的"脾气""秉性"。气质可按血型、激素和高级神经活动等分类，大多数学者普遍认可将气质分为胆汁质、多血质、黏液质、抑郁质四种类型。

胆汁质的特点是：直率、热情、精力旺盛，情绪容易激动，心境变化剧烈。反应快，但往往容易粗心大意。脾气暴躁，冲动时不可遏制，但情绪也容易平息。意志坚强，做事果断，易冒失，胆大，爱冒险。外向，为人热情；但过于直率，易与人发生冲突，但有事后即忘的特点。

多血质的特点是：活泼，好动，敏感，反应迅速，注意力容易转移。热情，有同情心，灵活，健谈，兴趣广泛，但兴趣与注意力均容易转移。情绪发生快且多变，但情绪强度低，脾气温和。外向，情绪外露，表情丰富，好交际，对新环境适应快。

黏液质的特点是：安静，稳重，沉默寡言，情绪不易外露，善于忍耐。反应慢，刻板，思维、言语及动作均迟缓。不善言谈，兴趣不广但专一，注意力的稳定性好但转移能力差。脾气温和，感情比较淡漠。内向，内心活动很少外露，不喜欢过多的交往活动，对新环境适应得慢。自我控制能力强，做事执着。

抑郁质的特点是：行动迟缓，多愁善感。感受性强，观察细腻，善于察觉常人不易注意的细枝末节，反应慢。情绪的敏感性极强，常表现出多愁善感和敏感多疑的特点，而且情绪反应强烈，体验深刻且持久，但情感内抑，很少表露于外。内向，不善交际，性情孤僻。为人处世谨慎，对挫折及困难易产生畏惧心理。

（二）气质与职业活动的关系

单一气质类型的人不多，气质本身无好坏之分。任何一种气质都有积极和消极的一面，关键在于了解自己的气质特点，扬长避短。不同的职业对从业者的气质可能有不同要求，不同气质的人对职业的适合度也不同。

气质并不决定一个人的社会价值，即气质不决定一个人的成就大小或对社会贡献的大小。

气质影响每个人工作的方式和效率，特殊职业有较严格的气质特征要求。

（三）各类气质的人选择职业的注意点

气质是人们的个性中最稳定的因素，在选择职业时，一定要注意自己的气质类型。气质不仅能影响一个人的工作效率，在一些需要经受高度身心紧张考验的职业中，气质还关系到事业的成败。

胆汁质的人精力旺盛，易激动，神经活动具有很高的兴奋性。他们能以极大的热情去工作，主动克服工作中的困难；但如果对工作失去信心，情绪就马上会低沉下来。控制好自己的情绪是该类型的人工作中必须注意的方面。

多血质的人属于神经活动强而均衡的灵活型，具有较大的可塑性和外倾性。他们反应迅速而灵活，工作能力较强，情绪丰富易兴奋，并且表现明显。他们极易适应环境，但注意力不稳定，兴趣易转移。他们不适宜从事单调机械的工作和要求细致的工作。培养耐性是这类人在工作中要下功夫做的事情。

黏液质的人具有较强的自我克制能力，能埋头苦干，态度持重，不易分心，由于灵活性相对较差，他们可能有因循守旧的倾向。增强机动性与灵活性，是这类气质的人在选择职业时需要注意的方面。

抑郁质属于神经活动弱型，兴奋和抑郁过程都弱。这种气质的人沉静，易相处，人缘好，办事稳妥可靠，做事坚定，能克服困难；但比较敏感，易受挫折，孤僻，寡断，疲劳不容易恢复，反应缓慢，有时甚至不思进取。主动性是这类人在工作中要不断提高的方面。

【练习】

## 气质类型测试

下面60道题大致可确定你的气质类型。若与你的情况"很符合"记2分，"较符合"记1分，"一般"记0分，"较不符合"记-1分，"很不符合"记-2分。

1. 做事力求稳妥，一般不做无把握的事。

2. 遇到可气的事就怒不可遏，想把心里话全说出来才痛快。

3. 宁可一个人干事，也不愿很多人在一起。

4. 到一个新环境很快就能适应。

5. 厌恶那些强烈的刺激，如尖叫、噪音、危险镜头等。

6. 和别人争吵时，总是先发制人，喜欢挑衅别人。

7. 喜欢安静的环境。

8. 善于和人交往。

9. 羡慕那种善于克制自己感情的人。

10. 生活有规律，很少违反作息制度。

11. 在大多数情况下情绪是乐观的。

12. 碰到陌生人觉得很拘束。

13. 遇到令人气愤的事，能很好地自我克制。

14. 做事总是有旺盛的精力。

15. 遇到问题总是举棋不定、优柔寡断。

16. 在人群中从不觉得过分拘束。

17. 情绪高昂时，觉得干什么都有趣；情绪低落时，又觉得什么都没有意思。

18. 当注意力集中于一事物时，别的事很难使我分心。

19. 理解问题总比别人快。

20.碰到危险情境，常有一种极度恐怖感。

21.对学习、工作怀有很高的热情。

22.能够长时间做枯燥、单调的工作。

23.符合兴趣的事情，干起来劲头十足，否则就不想干。

24.一点小事就能引起情绪波动。

25.讨厌做那些需要耐心、细致的工作。

26.与人交往不卑不亢。

27.喜欢参加热烈的活动。

28.爱看感情细腻、描写人物内心活动的文艺作品。

29.工作学习时间长了，常感到厌倦。

30.不喜欢长时间谈论一个问题，愿意实际动手干。

31.宁愿侃侃而谈，不愿窃窃私语。

32.别人总是说我闷闷不乐。

33.理解问题常比别人慢些。

34.疲倦时只要短暂的休息就能精神抖擞、重新投入工作。

35.心里有话宁愿自己想，不愿说出来。

36.认准一个目标就希望尽快实现，不达目的，誓不罢休。

37.学习、工作同样一段时间后，常比别人更疲倦。

38.做事有些莽撞，常常不考虑后果。

39.老师讲授新知识、技术时，总希望他讲得慢些，多重复几遍。

40.能够很快地忘记那些不愉快的事情。

41.做作业或完成一件工作总比别人花时间多。

42.喜欢运动量大的剧烈体育运动，或者参加各种文艺活动。

43.不能很快地把注意力从一件事情转移到另一件事情上去。

44.接受一项任务后，就希望把它迅速解决。

45.认为墨守成规比冒风险强些。

46.能够同时注意几件事情。

47.我烦闷的时候，别人很难使我高兴起来。

48.爱看情节起伏跌宕、激动人心的小说。

49.对工作抱认真、严谨、一贯的态度。

50.和周围人的关系总是相处不好。

51.喜欢复习学过的知识，重复做已熟练的工作。

52.希望做变化大、花样多的工作。

53.小时候会背的诗歌，我似乎比别人记得更清楚。

54.别人说我"出口伤人"，可我并不觉得这样。

55.在体育活动中，常因反应慢而落后。

56.反应敏捷，头脑机智。

57.喜欢有条理而不甚麻烦的工作。

58.兴奋的事常使我失眠。

59.老师讲新概念常听不懂，但弄懂了以后很难忘记。

60.假如工作枯燥无味，马上就会情绪低落。


**评分标准说明：**

A.如果某一项或两项的得分超过20，则为典型的该气质类型。

B.如果某一项或两项以上得分在20以下、10以上，其他各项得分较低，则为倾向于该气质类型。

C.若各项得分在10以下，但某项或几项得分较其余项为高（相差5分以上），则为略倾向于该项气质（或几项的混合）。

D. 一般来说，正分值越高，表明该气质特征越明显；反之，正分值越低或得负分值，表明越不具备该项气质特征。

**气质类型评分表**

| 类型 | 每一项的得分 | | | | | | | | | | | | | | | 合计 |
|---|---|---|---|---|---|---|---|---|---|---|---|---|---|---|---|---|
| 胆汁质 | 2 | 6 | 9 | 14 | 17 | 21 | 27 | 31 | 36 | 38 | 42 | 48 | 50 | 54 | 58 | |
| 多血质 | 4 | 8 | 11 | 16 | 19 | 23 | 25 | 29 | 34 | 40 | 44 | 46 | 52 | 56 | 60 | |
| 黏液质 | 1 | 7 | 10 | 13 | 18 | 22 | 26 | 30 | 33 | 39 | 43 | 45 | 49 | 55 | 57 | |
| 抑郁质 | 3 | 5 | 12 | 15 | 20 | 24 | 28 | 32 | 35 | 37 | 41 | 47 | 51 | 53 | 59 | |

**测试结束，请填写以下内容：**

1. 我测试的气质类型是：

2. 特征描述：

3. 优点和缺点：

4.推荐职业：

5.注意事项：

6.我面对测试结果的态度：

## 三、性格与职业匹配

### （一）性格及分类

性格是人对现实的态度和行为方式中比较稳定的心理特征的总和，也就是人独特的思维方式和行为方式。人的性格按心理活动倾向分为内向和外向；根据独立程度分为独立型与依赖型；按知、情、意三者在性格中何者占优势分为理智型、情感型、意志型；根据人的生活方式及价值观分为理论型、经济型、审美型、社会型、权力型和宗教型等。

气质与性格都在人的生活实践中形成，两者互相渗透、彼此制约。就气质与性格各自形成的特点讲，气质更多受到遗传素质的影响，而性格是在人自身的素质同环境的相互作用中形成的，比气质更具有可塑性。

（二）MBTI职业性格

MBTI是当今世界上应用最广泛的性格测试工具，其全称为迈尔斯布里格斯类型指标，是一种自我报告式的性格评估工具，用以衡量和描述人们在获取信息、作出决策、对待生活等方面的心理活动规律和性格类型。它以瑞士心理学家荣格的性格理论为基础，由美国的布里格斯和迈尔斯母女共同研制开发。

1.八个方面的偏好

MBTI人格体系共有四个维度，每个维度有两个方向，共计八个方面的偏好。

（1）按我们与世界的相互作用是怎样的以及我们的能量向何方疏导分为：外向（E）和内向（I）。

（2）按我们很自然地留意的信息类型分为：感觉（S）和直觉（N）。

（3）按我们如何做决定分为：思考（T）和情感（F）。

（4）按我们喜欢结构性强的工作还是更自由随意的工作分为：判断（J）和知觉（P）。

各个维度及偏好特征描述如表2-1、表2-2、表2-3、表2-4所示：

表2-1　　　　　　　　　　　EI　外向—内向

| 外向型的人 | 内向型的人 |
|---|---|
| 与他人在一起感到兴奋 | 独自一人时感到兴奋 |
| 希望能成为注意的焦点 | 避免成为注意的焦点 |
| 先行动，后思考 | 先思考，后行动 |
| 喜欢边想边说出声，易于被人了解；愿与人分享 | 个人信息注重隐私；只与少数人共享信息 |
| 说的比听的多 | 听的比说的多 |
| 热情地交流 | 不把热情表现出来 |
| 反应迅速；喜欢快节奏 | 思考后再反应；喜欢慢节奏 |
| 较之精深更喜欢广博 | 较广博更喜欢精深 |

请你在下面的连续尺度上判断你的偏好：

外向——————————————|——————————————内向

表2-2 　　　　　　　　　　　SN　感觉—直觉

| 感觉型的人 | 直觉型的人 |
|---|---|
| 相信确定而有形的事物 | 相信灵感和推理 |
| 喜欢具有实际意义的新主意 | 喜欢新主意和新概念只出于自己的意愿 |
| 崇尚现实主义与常识 | 崇尚想象力和新事物 |
| 喜欢运用和研究已有的技能 | 喜欢学习新技能，但掌握之后容易厌倦 |
| 留心特殊的和具体的，喜欢给出细节 | 留心普遍的和有象征性的，使用隐喻和类比 |
| 循序渐进地给出信息 | 跳跃式地以一种绕圈的形式给出信息 |
| 着眼于现在 | 着眼于将来 |

请你在下面的连续尺度上判断你的偏好：

感觉——————————————————直觉

表2-3 　　　　　　　　　　　TF　思考—情感

| 思考型的人 | 情感型的人 |
|---|---|
| 后退一步，客观地分析问题 | 向前看，关心行动给他人带来的影响 |
| 崇尚逻辑，公正公平；有统一标准 | 注重感情与和睦；看到规则的例外性 |
| 自然地发现缺点；有吹毛求疵的倾向 | 自然地想让别人快乐；易于理解别人 |
| 可能被视为无情、麻木、漠不关心 | 可能被视为过于感情化、无逻辑、脆弱 |
| 认为诚实比机敏更重要 | 认为诚实与机敏同样重要 |
| 认为只有合乎逻辑的感情才是正确的 | 认为所有感情都是正确的，无论有意义与否 |
| 受获得成绩欲望的驱使 | 受驱使与被人理解的驱使 |

请你在下面的连续尺度上判断你的偏好：

思考——————————————————情感

表2-4 　　　　　　　　　　**JP　判断—知觉**

| 判断型的人 | 知觉型的人 |
|---|---|
| 做完决定后感到快乐 | 因保留选择的余地而快乐 |
| 具有"工作原则"；先工作再玩（有时间的话） | 具有"玩的原则"；先玩再工作（有时间的话） |
| 确立目标并按时完成任务 | 当有新的情况时便改变目标 |
| 想知道自己的处境 | 喜欢适应新环境 |
| 着重过程 | 着重结果 |
| 通过完成任务获得满足 | 通过着手新事物获得满足 |
| 把时间看成有限资源，认真对待时间期限 | 把时间看成无限资源，认为时间期限是活的 |

请你在下面的连续尺度上判断你的偏好：

判断——————————————————————————知觉

2.十六种类型

四个维度，两两组合，共有十六种类型。以各个维度的字母表示类型，如下：

| | | | |
|---|---|---|---|
| ESFP | ISFP | ENFJ | ENFP |
| ESTP | ISTP | INFJ | INFP |
| ESFJ | ISFJ | ENTP | INTP |
| ESTJ | ISTJ | ENTJ | INTJ |

四个维度在每个人身上会有不同的比重，不同的比重会导致在每个人身上不同的表现，关键在于各个维度上的人均指数和相对指数的大小。

【练习】

**MBTI职业性格测试**

第一部分：

1.你倾向于从何处得到力量：

（E）别人。

（I）自己的想法。

2.当你参加一个社交聚会时，你会：

（E）在夜色很深时，一旦你开始投入工作，也许你就是最晚离开的那一个。

（I）在夜晚刚开始的时候，你就疲倦了并且想回家。

3.下列哪一件事听起来比较吸引你？

（E）与心爱的人到有很多人且社交活动丰富的地方。

（I）待在家中与心爱的人做一些特别的事情，例如观赏一部有趣的电影并享用你最喜欢的食物。

4.在约会中，你通常：

（E）整体来说很健谈。

（I）较安静并有所保留，直到你觉得舒服。

5.过去，你遇见你大部分的异性朋友是：

（E）在宴会中，工作上，休闲活动中或会议上。

（I）通过私人的方式或是由亲密的朋友和家人介绍。

6.你倾向于拥有：

（E）很多认识的人和很亲密的朋友。

（I）一些很亲密的朋友和一些认识的人。

7.过去，你的朋友和同事倾向于对你说：

（E）你难道不可以安静一会儿吗？

（I）可以请你从你的世界中出来一下吗？

**第二部分：**

8.你倾向于通过以下哪种方式收集信息？

（N）你对有可能发生之事的想象和期望。

（S）你对目前状况的实际认知。

9. 你倾向于相信：

（N）你的直觉。

（S）你直接的观察和现成的经验。

10. 当你置身于一段关系中时，你倾向于相信：

（N）永远有进步的空间。

（S）若它没有被破坏，那么不予修补。

11. 当你对一个约会觉得放心时，你偏向于谈论：

（N）未来，关于改进或发明事物和生活的种种可能性。例如，你也许会谈论一个新的科学发明，或一个更好的方法来表达你的感受。

（S）实际的、具体的、关于"此时此地"的事物。例如，你也许会谈论品酒的好方法，或你即将参加的新奇旅程。

12. 你是这种人：

（N）喜欢先纵观全局。

（S）喜欢先掌握细节。

13. 你是这种类型的人：

（N）与其活在现实中，不如活在想象里。

（S）与其活在想象里，不如活在现实中。

14. 你通常：

（N）偏向于去想象一大堆关于即将来临的约会的事情。

（S）偏向于拘谨地想象即将来临的约会，只期待让它自然地发生。

第三部分：

15. 你倾向于如此做决定：

（F）首先依你的心意，然后依你的逻辑。

（T）首先依你的逻辑，然后依你的心意。

16.你倾向于比较能够察觉到：

（F）他人需要情感上的支持。

（T）他人不合逻辑。

17.当和某人分手时：

（F）你通常让自己的情绪深陷其中，很难抽身出来。

（T）虽然你觉得受伤，但一旦下定决心，你会直截了当地将过去恋人的影子甩开。

18.当与一个人交往时，你倾向于看重：

（F）情感上的相容性：表达爱意和对另一半的需求很敏感。

（T）智慧上的相容性：沟通重要的想法；客观地讨论和辩论事情。

19.当你不同意爱人的想法时：

（F）你尽可能地避免伤害对方的感情；若是会对对方造成伤害的话，你就不会说。

（T）你通常毫无保留地说话，并且对爱人直言不讳，因为对的就是对的。

20.认识你的人倾向于形容你为：

（F）热情和敏感。

（T）富有逻辑和明确直接。

21.你把大部分和别人的相遇视为：

（F）友善及重要的。

（T）另有目的。

**第四部分：**

22.若你有时间和金钱，你的朋友邀请你到国外度假，并且在前一天才通知，你会：

（J）必须先检查你的时间表。

（P）立刻收拾行装。

23.在第一次约会中：

（J）若你所约的人来迟了，你会很不高兴。

（P）一点儿都不在乎，因为你自己常常迟到。

24.你偏好：

（J）事先知道约会的行程：要去哪里，有谁参加，你会在那里多久，该如何打扮。

（P）让约会自然地发生，不做太多事先的计划。

25.你选择的生活充满着：

（J）日程表和组织。

（P）自然发生和弹性。

26.哪一项较常见？

（J）你准时出席而其他人都迟到。

（P）其他人都准时出席而你迟到。

27.你是这种喜欢_____的人：

（J）下定决心并且最后作出肯定的结论。

（P）放宽你的选择面并且持续收集信息。

28.你是此类型的人：

（J）喜欢在一段时间里专心于一件事情直到完成。

（P）享受同时进行好几件事情。

对上述四部分的答案，每部分取占多数的字母。然后把这些字母组合起来，便代表16种个性。每一个人都可以在其中对号入座。

**测试结束，请填写以下内容：**

1.我测试的MBTI类型是：

2.特征描述：

3.优点和缺点：

4.推荐职业：

5.注意事项：

6.我面对测试结果的态度：

**我的感悟**

以下哪些词是形容你的？

漂亮的、谨慎的、聪明的、肯合作的、有创造力的、好奇的、大胆的、坚毅的、果断的、宽容的、引人注意的、冲动的、瘦弱的、独立的、孤僻的、懒惰的、乐观的、消极的、能言善道的、有耐心的、强壮的、实际的、机智的、不合群的、自信的、苗条的、敏感的、顽固的、猜忌的、温和的、顺从的、善良的、爱运动的、体贴的、诚实的、大方的、受欢迎的、斤斤计较的、粗鲁的、友好的……

本次课我感触最深的地方是：

我将在自己的学习、工作和生活中做如下改变：

预计期限：

**延伸阅读**

下面是两则关于兄弟的故事，希望能给你启发。

从前有两兄弟，他们住在同一幢公寓楼里。一天，他们一起去郊外爬山。傍晚时分，等他们爬山回来，回到公寓楼的时候，发现一件事：大厦停电了！这真是一件令人沮丧的事情。为什么呢？因为很不巧，这两兄弟住在大厦的顶楼。那么，顶楼是几楼呢？那就更加不巧了，顶楼是八十楼！虽然两兄弟都背着大大的登山包，但看来也是别无选择，于是，哥哥对弟弟说："我们爬楼梯上去吧。"于是，他们就背着一大包行李开始往上爬。

到了二十楼的时候，他们觉得累了。于是弟弟提议说："哥哥，行李太重了，不如这样吧，我们把它放在二十楼，我们先上去，等大厦恢复电力，我们再坐电梯下来拿吧。"哥哥一听，觉得这主意不错："好啊。弟弟，你真聪明呀。"于是，他们就把行李放在二十楼，继续往上爬。卸下了沉重的包袱之后，两个人觉得轻松多了。他们一路有说有笑地往上爬。

但好景不长，到了四十楼，两人又觉得累了。想到只爬了一半，往上一看，竟然还有四十楼要爬。两人就开始互相埋怨，指责对方不注意停电公告，才会落到如此下场。他们边吵边爬，就这样一路爬到了六十楼。

到了六十楼，两人筋疲力尽，累得连吵架的力气也没有了。哥哥对弟弟说："算了，只剩下最后二十层了，我们就不要再吵了。"于是，他们一路无言，安静地继续往上爬。

终于，八十楼到了。到了家门口，哥哥长吁一口气，摆了一个很酷的姿势："弟弟，拿钥匙来！"弟弟说："钥匙不是在你那里吗？"

好，大家猜猜发生了什么事？没错，钥匙还留在二十楼的登山包里！

这个故事其实在反映我们的人生。二十岁之前，我们活在家人、老师的期望之下，背负着很多压力，不停地去面对功课、考试、升学，就好像是背着一个很重的登山包，加上自己也不够成熟，所以走得很辛苦。

二十岁以后，从学校毕业出来，踏上工作岗位，开始自己的职业生涯，自己喜欢做什么就做什么，想怎么做就怎么做。就好像是卸下沉重的包袱。所以说，从二十岁到四十岁，是人生中最愉快的二十年。到了四十岁，人到中年，发现青春已逝去，但又有很多遗憾，于是开始抱怨，骂老板没眼光，怪家人不体恤，埋怨社会，就这样在抱怨遗憾中又过了二十年。

到了六十岁，发现人生的时光所剩不多，于是告诉自己，不要再埋怨了，就珍惜剩下的日子吧。于是，默默走完自己的最后岁月。到了生命的尽头，突然想起：好像有什么忘记了。是什么呢？是你的钥匙，是你人生的关键。你把你的理想、抱负、关键都留在二十岁，没有完成。

想一想，我们是不是也要等到四十年之后、六十年之后才来追悔？想一想，我们最在意的是什么？想一想，我们希望将来和现在有些什么不同？是不是可以做些什么来不让这个遗憾发生呢？那么，我们要做什么呢？

还有另外一个故事，是这样的：

有三兄弟想知道自己的命运，于是他们便去找智者，智者听了他们的来意后说："在遥远的天竺国，有一颗价值连城的夜明珠，如果叫你们去取，你们会怎么做呢？"大哥首先说："我生性淡泊，夜明珠在我眼里只不过是一颗普通的珠子，所以我不会前往。"二弟挺着胸脯说："不管有多大的艰难险阻，我一定把夜明珠取回来。"三弟则愁眉苦脸地说："去天竺国路途遥远，风险诸多，恐怕还没取到夜明珠，人就没命了。"听完他们的回答，智者微笑着说："你们的命运很明晓了。大哥生性淡泊，不求名利，将来可能难以大富大贵。但也正由于自己的淡泊，他会在无形中得到许多人的帮助和照顾。二弟性格坚定果断，意志刚强，不惧困难，预卜你的命运前途无量，也许会成大器。三弟性格懦弱胆怯，遇事犹豫不决，恐怕你命中注定难成大事。"

的确，一个人的性格在很大程度上影响着个人成长。印度古谚云："播种行为，收获习惯；播种习惯，收获性格；播种性格，收获命运。"我国古人也曾说过："积行成习，积习成性，积性成命。"这些都说明了性格的重要。不同的性格决定了不同的命运。

### 相关资源

1.裴宇晶、邹家峰著：《九型人格与职业生涯规划》，北京大学出版社2013年版。

2.陈鸿毅著：《认识你的职业性格》，西安交通大学出版社2009年版。

附录

# MBTI测试结果对照表

**ISTJ**：内向、感觉、思考、判断型

这种人一丝不苟、认真负责，而且明智豁达，是坚定不移的社会维护者。他们讲求实际、非常务实，总是追求精确性和条理性，而且有极大的专注力。不论干什么，他们都能有条不紊、四平八稳地把它完成。

对这类人而言，满意的工作是技术性的工作。他们能生产一种实实在在的产品或有条理地提供一种周详服务。他们需要一个独立的工作环境，有充裕的时间让自己独立工作，并能运用自己卓越的专注力来完成工作。

**ISFJ**：内向、感觉、情感、判断型

这种人忠心耿耿、一心一意，富有同情心，喜欢助人为乐。他们有很强的职业道德感，一旦觉得自己的行动是有价值的，便会担起重担。

最令他们满意的工作是，需要细心观察和对精确性要求极高的工作。他们需要通过默默在背后工作表达自己的感情投入，但个人贡献要能得到承认。

**INFJ**：内向、直觉、情感、判断型

这种人极富创意。他们感情强烈、原则性强且具有良好的个人品德，善于独立进行创造性思考。即使面对怀疑，他们对自己的观点仍坚信不疑。看问题常常更能入木三分。

对他们来说，称心如意的事业就是创新型的工作，这种工作能帮助别人成长。他们喜欢生产或提供一种能让自己感到自豪的产品或服务。工作必须符合个人的价值观。

**INTJ**：内向、直觉、思考、判断型

这类人是完美主义者。他们强烈要求自主，看重个人能力，对自己的创新思想坚定不移并受其驱使去实现自己的目标。这种人逻辑性强，有判断力，才华横溢，对人对己要求严格。在所有类型的人中，这种人独立性最强，喜欢我行我素。面对反对意见，他们通常多疑、霸道、毫不退让。对权威本身，他们毫不在乎，但只要规章制度有利于他们的长远目标他们就能遵守。

最适合他们的工作是，能创造和开发新颖的解决方案来解决问题或改进现有系统的工作；他们愿与责任心强，在专业知识、智慧和能力方面能赢得自己敬佩的人合作；他们喜欢独立工作，但需要定期与智囊人物切磋交流。

**ISTP**：内向、感觉、思考、知觉型

这种人奉行实用主义，喜欢行动，不爱空谈。他们长于分析、敏于观察、好奇心强，只相信可靠确凿的事实。由于非常务实，他们能很好地利用一切可利用的资源，而且很会瞄准时机。

对这类人而言，满意的事业就是，做尽可能有效利用资源的工作。他们愿意精通机械技能或使用工具来工作。工作必须有乐趣、有活力，他们独立性强且常有机会走出工作室去户外。

**ISFP**：内向、感觉、情感、知觉型

这种类型的人温柔、体贴、敏感，从不轻言非常个人化的理想及价值观。他们常通过行动，而非语言来表达炽烈的情感。这种人有耐心、能屈能伸且十分随和，无意控制他人。他们从不妄加判断或寻求动机和意义。

他们适合做非常符合自己内心价值观的工作。在做有益于他人的工作时，希望注重细节。他们希望有独立工作的自由，但又不远离其他与自己合得来的人。他们不喜欢受繁文缛节或一些僵化程序的约束。

**INFP**：内向、直觉、情感、知觉型

INFP类型的人珍视内在和谐胜过一切。他们敏感、理想化、忠心耿耿，在个人价值观方面有强烈的荣誉感。如果能献身于自己认为值得的事业，他们便情绪高涨。在日常事务中，他们通常很灵活、有包容心，但对内心忠诚的事业义无反顾。这类人很少表露强烈的情感，常显得镇静自若、寡言少语。不过，一旦相熟，他们也会变得十分热情。

对这一类型的人而言，最好的工作是合乎个人价值观、能通过工作陈述自己远见的工作；工作环境需要有灵活的架构，在自己激情高昂时可以从事各种项目；他们喜欢能发挥个人独创力的工作。

**INTP**：内向、直觉、思考、知觉型

这类人善于解决抽象问题。他们满腹经纶，时能闪现出创造的睿智火花。他们外表恬静，内心专注，总忙于分析问题。他们目光挑剔，独立性极高。

对于这类人，事业满意度源自这样的工作：能酝酿新观念；专心负责某一创造性流程，而不是最终产品。在解决复杂问题时，他们能跳出常规的框框，冒一定风险去寻求最佳解决方案。

**ESTP**：外向、感觉、思考、知觉型

这类人无忧无虑，属乐天派。他们活泼、随和、率性，喜欢安于现状，不愿从长计议。由于他们能够接受现实，一般心胸豁达、包容心强。这种人喜欢操作实实在在的东西，动手能力强。

对这种人来说，事业满意度来自这种工作：能随意与许多人交流；工作中充满冒险和乐趣，能随时抓住新的机遇。偏向于自我组织，而不是听从别人的安排。

**ESFP**：外向、感觉、情感、知觉型

这一类人生性爱玩、充满活力，他们适应性强，平易随和，可以热情饱满地同时参加几项活动。他们不喜欢把自己的意志强加于人。

对于这类人来说，适合的工作是，能在实践中学习，利用常识搜集各种事实来寻找问题的解决方案的工作；他们喜欢直接与客户打交道；能同时在几个项目或活动中周旋，尤其爱从事能发挥自己审美观的项目或活动。

**ENFP**：外向、直觉、感觉、认知型

这类人热情奔放，满脑子新观念。他们乐观、率性、充满自信和创造性，能深刻认识到哪些事可为。他们对灵感推崇备至，是天生的发明家。他们不墨守成规，善于闯新路子。

这类人适合在创造性灵感的推动下，与不同的人群合作从事各种项目；他们不喜欢从事需要自己亲自处理日常琐碎杂务的工作，喜欢按自己的工作节奏行事。

**ENTP**：外向、直觉、思考、知觉型

这种人好激动、健谈、聪明，是个多面手。他们总是孜孜以求地提高自己的能力。天生有创业心，爱钻研，机敏善变，适应能力强。

令这类人满意的工作是有机会参与创造性地解决问题的工作。工作有一定的逻辑顺

序和公正的标准。希望通过工作提高个人地位。

**ESTJ**：外向、感觉、思考、判断型

这种人办事能力强，喜欢出风头，办事风风火火。他们责任心强、诚心诚意、忠于职守。他们能组织各种细节工作，能如期实现目标并力求高效。

这一类型的人适合做理顺事实和政策以及人员组织等工作，能够有效利用时间和资源以找出合乎逻辑的解决方案，在目标明确的工作中能运用娴熟的技能。他们希望工作测评标准公正。

**ESFJ**：外向、感觉、情感、判断型

这一类型的人喜欢通过直接合作切实帮助别人。他们尤其注重人际关系，因而常很受人欢迎，他们也喜欢迎合别人。他们的态度认真，遇事果断，通常表达意见坚决。

这类人适于整天与人交往，密切参与整个决策流程。他们工作目标明确，有具体的业绩标准。他们希望能组织安排自己及周围人的工作，以确保一切进展尽可能顺利。

**ENFJ**：外向、直觉、情感、判断型

这种人有爱心，对生活充满热情。他们往往对自己很挑剔。不过，由于他们自认为要为别人的感受负责，所以很少在公开场合发表批评意见。他们对行为的是非曲直明察秋毫，是社交高手。

这种人能在工作中建立温馨的人际关系，能置身于自己信赖且富有创意的人群中。他们希望工作多姿多彩，但又能有条不紊地干。

**ENTJ**：外向、直觉、思考、判断型

这种人是极为有力的领导人和决策者，能明察一切事物中的各种可能性，喜欢发号施令。他们做事深谋远虑，策划周全。这种人事事力求做好，生就一双锐眼，能够一针见血地发现问题并迅速找到改进方法。

最令这类人满意的事业是，做领导、发号施令，完善企业的运作系统，使系统高效运行并如期达到目标。他们喜欢从事长远战略规划，寻求创造性地解决问题的方式。

**性格类型与职业匹配：**

**ISTJ：** 审计员、后勤经理、信息总监、预算分析员、工程师、技术工作者、电脑编程员、证券经纪人、地质学者、医学研究者、会计、文字处理专业人士。

**ISTP：** 证券分析员、银行职员、管理顾问、电子专业人士、技术培训人员、信息服务开发人员、软件开发商、海洋生物学者、后勤与供应经理、经济学者。

**ESTP：** 企业家、业务运作顾问、个人理财专家、证券经纪人、银行职员、预算分析者、技术培训人员、综合网络专业人士、旅游代理、促销商、手工艺人、新闻记者、土木/工业/机械工程师。

**ESTJ：** 银行官员、项目经理、数据库经理、信息总监、后勤与供应经理、业务运作顾问、证券经纪人、电脑分析人员、保险代理、普通承包商、工厂主管。

**ISFJ：** 人事管理人员、电脑操作员、顾客服务代表、信贷顾问、零售业主、地产代理或经纪人、艺术人员、室内装潢师、商品规划师、语言病理学者。

**ISFP：** 销售代表、行政人员、商品规划师、测量师、海洋生物学者、厨师、室内/景观设计师、旅游销售经理、职业病理专业人员。

**ESFP：** 公关专业人士、劳工关系调解人、零售经理、商品规划师、团队培训人员、旅游项目经营者、表演人员、特别事件的协调人、社会工作者、旅游销售经理、融资者、保险代理/经纪人。

**ESFJ：** 公关客户经理、个人银行业务员、销售代表、人力资源顾问、零售业主、餐饮业者、房地产经纪人、营销经理、电话营销员、办公室经理、接待员、信贷顾问、口笔译人员。

**INFJ：** 人力资源经理、事业发展顾问、营销人员、企业组织发展顾问、职位分析人员、企业培训人员、媒体特约规划师、编辑、艺术指导（杂志）、口译人员、社会科学工作者。

**INFP：** 人力资源开发专业人员、社会科学工作者、团队建设顾问、编辑、艺术指导、记者、口笔译人员、娱乐业人士、建筑师、研究工作者、顾问、心理学专家。

**ENFP：** 人力资源经理、变革管理顾问、营销经理、企业/团队培训人员、广告客户经理、战略规划人员、宣传人员、事业发展顾问、环保律师、研究助理、广告撰稿员、播音员、创业者。

**ENFJ**：人力资源开发培训人员、销售经理、小企业经理、程序设计员、生态旅游业专家、广告客户经理、公关专业人士、协调人、作家、记者、非营利机构领导。

**INTJ**：管理顾问、经济学者、银行业务职员、金融规划师、设计工程师、运作研究分析人员、信息系统开发商、综合网络专业人员。

**INTP**：电脑软件设计师、系统分析人员、研究开发专业人员、战略规划师、金融规划师、信息服务开发商、变革管理顾问、企业金融律师。

**ENTP**：人事系统开发人员、投资经纪人、工业设计经理、后勤顾问、金融规划师、投资银行业职员、营销策划人员、广告创意指导、国际经销商。

**ENTJ**：人事/营销经理、技术培训人员、后勤顾问、电脑信息服务和组织重建顾问、特许经营业主、程序设计员、环保工程师。

# 第三章 职业兴趣：喜欢干什么

## 学习目标

认知目标

● 认识到兴趣是人们获得工作满意度、职业稳定性和职业成就感的重要影响因素。

● 了解兴趣在职业生涯中的作用，愿意将兴趣作为职业选择时的重要因素。

技能目标

● 掌握霍兰德兴趣理论，能够利用多种方法对自己的兴趣进行探索，确认自己的霍兰德兴趣类型代码、特征及推荐职业范围。

● 学会处理兴趣和专业、兴趣和工作之间的关系，树立平衡与发展的观念。

**认知与实践**

## 一、职业兴趣与作用

### （一）兴趣

兴趣是指建立在需要的基础上，带有积极情绪色彩的认知和活动倾向，是个人对其所处环境中的人、事、物所产生的喜爱程度，是个人力求认识、掌握某事物，并经常参与该种活动的心理倾向。当个人对某事物有兴趣时，会对它产生特别的注意力，对该事物感知敏锐、记忆牢固、思维活跃、情感浓厚。兴趣的发生和发展一般要经历这样一个过程：有趣—乐趣—志趣。有趣是兴趣的低级阶段，常常与一个人对某一事物的新奇感相联系。这种兴趣往往是短暂的，通常是一时心血来潮。乐趣是兴趣的第二个阶段，又称为爱好。它在有趣的基础上定向发展而成，比较稳定、专一和深入。乐趣还会融入个人情感，升华为情趣。志趣是兴趣的高级阶段，当人的爱好和社会责任、理想结合起来时，他就会为之而奋斗。

美国芝加哥大学心理学教授米哈利·奇克森特米哈伊发现：当人们在专心致志地、积极地参与某种活动，忘记了时空和自己的时候，他们感到最为愉快和满足。

**【练习】**

据说比尔·盖茨的办公桌有五只带锁的抽屉，分别贴着财富、兴趣、幸福、荣誉、成功五个标签，盖茨总是只带一把钥匙，而把其他的四把钥匙锁在抽屉里。请问：盖茨最有可能带的是哪一把钥匙？为什么？

_____

_____

_____

_____

（二）兴趣的分类

兴趣可以划分为职业兴趣和非职业兴趣。但几乎每一种兴趣都可以与某种职业联系起来。职业兴趣是一个人探究某种职业或者从事某种职业活动所表现出来的特殊个性倾向，它使个人对某种职业给予优先的注意，并具有向往的情感。拥有职业兴趣将提高个人的工作满意度、职业稳定性和职业成就感。

【练习】

请完成以下课堂调查：

1.你对自己所学的专业有什么看法？

A.非常喜欢　　　　　　　　B.喜欢

C.说不上喜欢，说不上讨厌　　D.不喜欢

2.职业兴趣现状

据某权威机构调查，当前，大学生职业兴趣培养方面存在许多问题。你认为你的问题主要表现在哪些方面？

□ 对自己的兴趣十分模糊。

□ 兴趣过于广泛，但是不专一、不持久。

□ 兴趣明显，却由于某种原因选了一个与自己兴趣不符合的专业。

□ 想先找份工作养活自己，再寻求符合兴趣的职业。

□ 对什么专业都不感兴趣。

（三）职业兴趣在职业活动中的作用

1.影响职业定向和职业选择

兴趣是最好的老师，是一种强大的精神力量。兴趣可以使人集中精力去获得你所喜欢的职业知识，启迪智慧并使人创造性地开展工作。当一个人对某种职业感兴趣时，他就能发挥全部身心的积极性；就能积极地感知和关注该职业的知识、动态，并且积极思

考、大胆探索；就能情绪高涨、想象丰富；就能增强记忆效果，增强克服困难的意志。爱因斯坦还是四五岁的小孩时，就对罗盘发生了兴趣，认为"一定有什么东西隐藏在后面"；十二岁那年他从叔叔那里得到了关于欧几里得平面几何的小书，由此决定献身于解决"那广漠无限的宇宙之谜"。他毕生从事物理学研究，创立了著名的"相对论"，为人类作出了杰出的贡献。

2.促进智力开发，挖掘潜能

瑞典化学家诺贝尔对炸药很感兴趣，为了研究炸药，他一生未婚，几十次差点被炸死。1864年的一次实验，一下子炸死了五个人，其中有一个是他的弟弟，他的父亲也受了重伤，但痴迷于炸药研究的诺贝尔毫不退缩。有一次实验在进行过程中，突然一声巨响，猛烈的爆炸使浓烟直冲云霄，人们失声喊道："诺贝尔完了！"谁知正在这时，诺贝尔从浓烟中冲出，满脸鲜血，发疯似的跳跃着，高喊着："我成功了，我成功了！"就是凭着这种对科学的浓厚兴趣和执着探求，诺贝尔获得了255项发明专利权，被人们誉为"炸药工业之父"，也成就了全球性的"诺贝尔奖"。

3.提高工作效率

个人对某一方面的工作有兴趣，枯燥的工作也会变得丰富多彩、趣味无穷。因为兴趣可以通过工作动机促进个人能力的发挥，兴趣和能力的合理结合会大大提高工作效率。古今中外在事业上取得成功的人，往往是在强烈的兴趣推动下而取得成功的。可以说，谁找到了自己最感兴趣的职业，谁就有可能踏上通向成功的路。

4.兴趣影响你的工作满意度和稳定性，在某些情况下（如不考虑经济因素）甚至具有决定性作用

一般来说，从事自己不感兴趣的职业很难让你感到满意，并由此导致工作的不稳定。兴趣是职场成功的重要因素，它能将你的潜能最大限度地激发出来，使你长期专注于某一方向，付出艰苦的努力，取得令人注目的成绩。

5.能使人们的工作学习感到轻松愉快

世界发明大王爱迪生几乎每天都在实验室里辛苦工作十几个小时，在那里吃饭、睡觉。在旁人看来这肯定苦不堪言，但他丝毫不以为苦，并宣称："我一生中从未间断过一天工作，每天都其乐无穷。"牛顿有一次做实验时错把手表当鸡蛋煮；我国地质学

家李四光有一次在办公室写论文，他的女儿到办公室找他，他竟问："你是谁家的孩子？"杨振宁博士曾说过："什么叫'苦'？自己不愿意做，又因为外界压力非做不可，这才叫苦。做物理学的研究没有苦的研究，物理是非常引人入胜的，它对你的吸引力是不可抗拒的。"

【练习】

### 职业兴趣的自我探索

1.我的白日梦：请列举出三种你非常感兴趣的职业。这些工作中的哪些特征吸引着你？

2.请回忆生活中三次令你感到快乐（满足）的经历。请详细地描述这个画面，是什么令你感到如此快乐（满足）。

3.从小到大你担任过哪些职务？你喜欢的是哪些职务？请具体说明为什么。

4.你最崇拜（敬佩）的人是谁？他对你产生了什么影响？你最像他的是什么地方？最不像他的是什么地方？

5.你最喜欢看哪种杂志？这些杂志中的哪些部分吸引着你？或者，如果你到书店看书，你通常会停留在哪类书架前（不是仅仅因为学习需要的情况下）？

6.除了单纯的娱乐放松，你最喜欢看哪几类电视节目？节目中什么吸引着你？

7.你喜欢浏览哪类网站？你喜欢看网站的哪部分内容？它们属于哪个专业？

8.休闲的时候，如果只是出于兴趣的考虑，你想做什么或学什么？这里面又是什么吸引你？

9.你最喜欢的科目是什么？为什么喜欢它（们）？

10.我们生活中都有过某些时刻，因为全神贯注去做某件事情而忘了时间。什么样的事会让你如此专注？

11.你喜欢哪种类型的体育活动？哪几项是你坚持了多年的体育活动？

12.你在跟同学游戏或比赛中，什么活动经常获得好名次？

## 二、霍兰德的兴趣理论

### （一）基本假设

1.人的兴趣可以分为不同的类型。

2.环境也可以分为不同的类型。

3.人们愿意在充分施展其能力的职业环境中工作。

### （二）职业类型

大多数的职业可以归结成六种类型，包括实用型（R，realistic type）、研究型（I，investigative type）、艺术型（A，artistic type）、社会型（S，social type）、企业型（E，enterprising type）、常规型（C，conventional type）。

个人兴趣是多方面的，不可能集中在一个方面上，可能或多或少地表现在六个方面，只是偏好程度不同。因此，通常用最强的三种兴趣的字母代码来表示一个人的兴趣，这个代码就称为"霍兰德代码"（Holland Code）。

1.实用型（R）人的特点（表3-1）

（1）喜欢具体的任务。

（2）工具使用、动手能力强。

（3）喜欢从事体力工作、户外活动。

（4）更喜欢与物打交道。

表3-1 实用型（R）

| 类型 | 喜欢的活动 | 重视 | 职业环境要求 |
|---|---|---|---|
| 实用型（R） | 用手、工具、机器制造或修理东西。愿意从事实践性的工作、体力活动，喜欢户外活动或操作机器，不喜欢在办公室工作。 | 具体实际的事物，诚实，有常识。 | 使用手工或机械技能对物体、工具、机器、动物等进行操作，与"事物""相处"的能力比与人打交道的能力更为重要。 |

2.研究型（I）人的特点（表3-2）

（1）喜欢探索和理解事物。

（2）平静、深邃、内敛。

（3）有智慧。

（4）独立。

表3-2　　　　　　　　　　　研究型（I）

| 类型 | 喜欢的活动 | 重视 | 职业环境要求 |
|---|---|---|---|
| 研究型（I） | 喜欢探索和理解事物，学习研究那些需要分析、思考的抽象问题，喜欢阅读和讨论有关科学性的论题，喜欢独立工作，对未知问题的挑战充满兴趣。 | 知识，学习，成就，独立。 | 分析研究问题、运用复杂和抽象的思维创造性地解决问题的能力，能运用智慧独立地工作，一定的写作能力。 |

3.艺术型（A）人的特点（表3-3）

（1）喜欢自我表达。

（2）富有想象力、创造力。

（3）追求美、自由、变化。

（4）喜欢多样性与展示。

表3-3　　　　　　　　　　　艺术型（A）

| 类型 | 喜欢的活动 | 重视 | 职业环境要求 |
|---|---|---|---|
| 艺术型（A） | 喜欢自我表达，喜欢文学、音乐和表演等具有创造性、变化性的工作，重视作品的原创性和创意。 | 有创意的想法，自我表达，自由，美。 | 创造力，对情感的表现能力，以非传统的方式来表现自己，相当自由、开放。 |

4.社会型（S）人的特点（表3-4）

（1）对人感兴趣。

（2）有良好的人际交往技能，寻求广泛的人际关系。

（3）乐于服务他人。

（4）愿意帮助别人解决问题。

表3-4                                社会型（S）

| 类型 | 喜欢的活动 | 重视 | 职业环境要求 |
|---|---|---|---|
| 社会型（S） | 喜欢与人合作，热情关心他人的幸福，愿意帮助别人成长或解决困难、为他人提供服务。 | 服务社会与他人，公正理解，平等，理想。 | 人际交往能力，教导、医治、帮助他人等方面的技能，对他人表现出精神上的关爱，愿意担负社会责任。 |

5.企业型（E）人的特点（表3-5）

（1）喜欢向人推销自己的产品或观点。

（2）追寻领导力与社会影响。

（3）有抱负，责任感强烈，勇于承担压力。

（4）言语说服能力强。

表3-5                                企业型（E）

| 类型 | 喜欢的活动 | 重视 | 职业环境要求 |
|---|---|---|---|
| 企业型（E） | 喜欢领导和支配别人，通过领导、劝说他人或推销自己的观念、产品而达到个人或组织的目标，希望成就一番事业。 | 经济和社会地位上的成功，忠诚，冒险精神，责任。 | 说服他人或支配他人的能力，敢于承担风险，目标导向。 |

6.常规型（C）人的特点（表3-6）

（1）喜欢有条理、程序化的工作。

（2）忠诚、乐于执行与服务。

（3）有组织、有计划。

（4）细致、准确。

表3-6                                常规型（C）

| 类型 | 喜欢的活动 | 重视 | 职业环境要求 |
|---|---|---|---|
| 常规型（C） | 喜欢固定的、有秩序的工作或活动，希望确切地知道工作的要求和标准，愿意在一个大的机构中处于从属地位，对文字、数据和事物进行细致有序的系统处理以达到特定的标准。 | 准确，有条理，节约，盈利。 | 文书技巧，组织能力，听取并遵从指示的能力，能够按时完成工作并达到严格的标准，有组织、有计划。 |

【练习】

### 迷路

一天，你开着车来到一个陌生城市的十字路口，发现之前朋友告诉你的标志不见了，就迷路了。这时候，你会怎么做？给你几个备选答案。

1.买地图，找路标，自己查找。（研究型）

2.问路，向他人寻求帮助。（社会型）

3.自己开着车一圈一圈地找，直到找到目的地为止。（现实型）

4.打电话埋怨朋友：你怎么也不跟我说清楚。（管理型）

5.我从来没有遇到过类似这种的事情，在去一个陌生的城市之前，我一定会做足功课。（常规型）

6.既然迷路了就顺其自然，随便走走玩玩也不错，大不了回家。（艺术型）

【活动】

### 我的岛屿旅行计划

恭喜你！你获得了一次免费度假游的机会，是到远方一处新开发的岛屿群度假。导游正向你介绍这个旅游新景点：这里一共有六个各具特色、各具风情的岛屿，如果你的时间允许，可以安排前往其中的三个岛屿，各停留半年，保证你遍览岛上的风光、乐不思蜀。

1号岛屿：自然原始的岛屿。岛上自然生态保持得很好，有各种野生动物。居民以手工见长，自己种植花果蔬菜、修缮房屋、打造器物、制造工具，喜欢户外运动。

2号岛屿：深思冥想的岛屿。有多处天文馆、科技博览馆及图书馆。居民喜欢观察、学习，崇尚和追求真知，常有机会和来自各地的哲学家、科学家、心理学家等交换心得。

3号岛屿：美丽浪漫的岛屿。布满了美术馆、音乐厅，有丰富的街头雕塑和街边艺人，弥漫着浓厚的艺术文化气息。居民保留了传统的舞蹈、音乐与绘画，许多文艺界的朋友都喜欢来这里找寻灵感。

4号岛屿：友善亲切的岛屿。居民性格温和、友善、乐于助人，社区均自成一个互动密切的服务网络，人们重视互助合作，重视教育，关怀他人，充满人文气息。

5号岛屿：显赫富庶的岛屿。居民善于企业经营和贸易，能言善道。经济高速发展，处处是高级饭店、俱乐部、高尔夫球场。来往者多是企业家、经理人、政治家、律师等。

6号岛屿：现代、井然有序的岛屿。岛上建筑十分现代化，是进步的都市形态，以完善的户政管理、地政管理、金融管理见长。岛民性格冷静保守，处事有条不紊，善于组织规划，细心高效。

分组讨论：

（1）分享一下选择同一个岛的感受。

（2）如果旅游变成了终身定居，你会重新选择吗？如果是，那么请立即作出选择。

（3）你还可以接受的两个岛是哪两个？

【讨论】

以下两种观点你更赞同哪一种？理由是什么？

（1）爱一行才能干一行。

（2）干一行才能爱一行。

【练习】

## 职业个性测试

测试目的：协助了解自己的个性特点、职业兴趣和职业倾向，以便及早为自己的职业生涯做好规划。

操作程序：

职业个性测试有60道题目，表格如下。

| R | C | E | S | A | I |
|---|---|---|---|---|---|
| 1 | 2 | 3 | 4 | 5 | 6 |
| 7 | 8 | 9 | 10 | 11 | 12 |
| 13 | 14 | 15 | 16 | 17 | 18 |
| 19 | 20 | 21 | 22 | 23 | 24 |
| 25 | 26 | 27 | 28 | 29 | 30 |
| 31 | 32 | 33 | 34 | 35 | 36 |
| 37 | 38 | 39 | 40 | 41 | 42 |
| 43 | 44 | 45 | 46 | 47 | 48 |
| 49 | 50 | 51 | 52 | 53 | 54 |
| 55 | 56 | 57 | 58 | 59 | 60 |

如果你认为自己属于这一类型的人，便在序号上画个圈，反之，不做记号。

1.喜欢自己动手干一些具体的能直接看到效果的活。

2.我喜欢弄清楚做一件事情的具体要求，以明确如何去做。

3.我认为追求的目标应该尽量高些，这样才可能在实践中多收获成功。

4.我很看重人与人之间的友情。

5.我常常寻求独特的方式来表达自己的创造力。

6.我喜欢阅读比较理性的书籍。

7.我喜欢把生活与工作场所布置得朴实些、实用些。

8.开始做一件事情以前,我喜欢有条不紊地做好所有准备工作。

9.我善于带动他人、影响他人。

10.为了帮助他人,我愿意做些自我牺牲。

11.进行创造性工作时,我会忘却一切。

12.在我找到解决困难的办法之前,通常我不会罢手。

13.我喜欢直截了当,不喜欢说话婉转。

14.我比较善于注意和检查细节。

15.我乐于在所从事的工作中担任主要负责人。

16.在解决个人问题时,我喜欢找他人商量。

17.我的情绪容易激动。

18.一接触到有关新发明、新发现的信息,我就会感到兴奋。

19.我喜欢在户外工作与活动。

20.我喜欢有规律、干净整洁的生活。

21.每当要做重大的决定之前,我总觉得异常兴奋。

22.当别人叙述个人烦恼时,我能成为一个很好的倾听者。

23.我喜欢观赏艺术展和好的戏剧与电影。

24.我喜欢研究所有的细节,然后再做出合乎逻辑的决定。

25.我认为手工操作和体力劳动永远不会过时。

26.我不大喜欢由我一个人负责来做重大决定。

27.我善于和能为我提供好处的人来往。

28.我善于调节他人相互之间的矛盾。

29.我喜欢比较别致的着装,喜欢新颖的色彩与风格。

30.我对大自然的各种奥秘充满好奇。

31.我不怕干体力活，通常还知道如何巧干体力活。

32.在做决定时，我喜欢保险系数比较高的方案，不喜欢冒险。

33.我喜欢竞争与挑战。

34.我喜欢与人交往，以丰富自己的阅历。

35.我善于用自己的工作来体现自己的情感。

36.在动手做一件事情以前，我喜欢在脑中仔细思索几遍。

37.我不喜欢购买现成的物品，希望能买到材料自己做。

38.只要我按照规则做了，心里就会踏实。

39.只要成果大，我愿意冒险。

40.我通常能比较敏感地觉察他人的需求。

41.音乐、绘画、文字，任何优美的东西都特别容易给我带来好心情。

42.我把受教育视为不断提高自我的一辈子的过程。

43.我喜欢把东西拆开，然后再使之复原。

44.我喜欢让每一分钟都过得有名堂。

45.我喜欢启动一项项工作，而具体细节让他人去负责。

46.我喜欢帮助他人提高学习能力。

47.我很善于想象。

48.有时候我能独坐很长时间来阅读、思考或做一件难以对付的事情。

49.我不怎么在乎干活时弄脏自己。

50.只要能仔细地完整地做完一件事情，我就会感到十分满足。

51.我喜欢在团体中担当主角。

52.如果我与他人有了矛盾，我喜欢采取和平的方式加以解决。

53.我对环境布置比较讲究，哪怕是一般的色彩、图案都希望能赏心悦目。

54.哪怕我明知结果会与我的期盼相悖，我也要探究到底。

55.我很看重有健壮灵活的身体。

56.如果我说了我来做,我就会把这件事情彻底做好。

57.我喜欢谈判,喜欢讨价还价。

58.人们喜欢向我倾诉他们的烦恼。

59.我喜欢尝试有创意的新的主意。

60.凡事我都喜欢问一个"为什么"。

根据每一栏画圈的多少将排前三位的栏目顶上的字母列出来:

第一:


第二:


第三:


将你测验得分居第一位的职业类型找出来,对照本章附录判断一下自己适合的职业类型。

**我的感悟**

在你过往的经历中,有哪些事情让你特别着迷?这些事情中又有哪些能转化成你的职业呢?

本次课我感触最深的地方是：



我将在自己的学习、工作、生活中做如下改变：



预计期限：

**延伸阅读**

## 一、培养与调节职业兴趣

职业选择中，个体并非一定要选择与自己兴趣完全对应的职业环境。因为个体本身常是多种兴趣类型的综合体。

### （一）培养职业兴趣的途径与方法

1.了解职业，培养广泛兴趣

高职生可以通过广泛收集职业信息、参加社会实践、了解成功人士的职业经历，体会和感悟职业乐趣，尽可能了解更多的职业，为择业做好储备。

2.做好当下的事情，学好专业理论，掌握专业技能

每一次选择都可能带来转机，也都包含着潜在的风险。高职生在没有能力和把握做出更好的选择之前，做好眼前的事情，可能是最好的选择。试着去喜欢你现在

所学的专业，相信兴趣会逐渐提高。

3.形成中心兴趣

你自己喜欢的职业可能有好多种，但真正有能力、有条件、有机会做的工作也没多少。

4.保持相对稳定的职业兴趣

兴趣可以随外界条件、自身能力和心理的变化而变化。影响职业选择的因素是多方面的，如社会的职业需求、获得职业的现实可能性等。高职生要学一行，干一行，爱一行，专一行。

5.培养切实的职业兴趣，享受职业乐趣

一种职业是否令人满意，不仅取决于兴趣，还取决于胜任能力和价值观的匹配度。应适应和坚持自己现在的工作，在职业奉献与进取中享受职业乐趣。即使从事自己感兴趣的职业，也必须付出艰苦的努力，这样才可能成功。

（二）如何调节自身兴趣

当然，并不是所有的兴趣都应该或能够在自己的职业中体现。工作原本就不是一件为满足兴趣而去做的事情。兴趣可以通过兼职、志愿活动、社团活动、业余爱好等多种方式来满足，关键在于在工作和生活之间的协调与平衡，以及工作与个人爱好的适度统一。

如果自身职业与兴趣差异巨大，既可以改变自己适应工作，也可以通过更换工作适应自己的兴趣。做自己喜欢的工作总是一件令人兴奋和容易满足的事情。只有这样，才会让自己的工作、生活更有趣，更容易获得成就感。

（三）适合个人兴趣的工作的表现

1.想去工作。

2.所做的事情令你充满活力。

3.感到你的付出与贡献得到尊重和欣赏。

4.向别人介绍自己的职业时，充满自豪。

5.喜欢和尊重你的同事。

6.对前途很乐观。

## 二、故事与启示

一个人死后，在去见阎王的路上，经过一座金碧辉煌的宫殿。宫殿的主人请求他留下来居住。这个人说："我在人世间辛辛苦苦地忙碌了一辈子，我现在只想吃，只想睡，我讨厌工作。"宫殿主人答道："若是这样，那么世界上再也没有比我这里更适合你居住的了。我这里有山珍海味，你想吃什么就吃什么，不会有人来阻止你；我这里有舒适的床铺，你想睡多久就睡多久，不会有人来打扰你；而且，我保证没有任何事需要你做。"于是，这个人就住了下来。开始的一段日子，这个人吃了睡，睡了吃，感到非常快乐。渐渐地，他觉得有点寂寞和空虚，于是他就去见宫殿的主人，抱怨道："这种每天吃吃睡睡的日子过久了一点意思都没有。我现在是脑满肥肠了，对这种生活已经提不起一点兴趣了。你能否给我找一份工作？"宫殿的主人答道："对不起，我们这里从来就不曾有过工作。"又过了几个月，这个人实在受不了了，又去见宫殿的主人："这种日子我实在受不了。如果你不给我工作，我宁可下地狱，也不要再住这里了。"宫殿的主人轻蔑地笑了："你以为这里是天堂吗？这里本来就是地狱啊！"

安逸的生活原来也是一种地狱！它虽然没有刀山可上，没有火海可下，可它能渐渐地毁灭你的理想，腐蚀你的心灵，甚至可以让你变成一具行尸走肉。无所事事也是一种难挨的痛苦，"日理万机"有时反倒是一种充实的幸福。你看那些富人，钱多得早就花不完，还在拼命做事，为什么？为了自己的生命力。

**相关资源**

1. ［美］尼可拉斯·劳尔著：《天才也怕入错行》，游琬娟译，吉林人民出版社2000年版。

2. 金树人著：《生涯咨询与辅导》，高等教育出版社2007年版。

3. ［美］理查德·尼尔森·鲍利斯著：《你的降落伞是什么颜色》，陈玮等译，中信出版社2002年版。

4. 影片《穿普拉达的女王》《入殓师》《当幸福来敲门》。

附录

## 霍兰德职业兴趣代码与相应职业对照表

**R（实际型）**：木匠、农民、操作X光的技师、工程师、飞机机械师、鱼类和野生动物专家、自动化技师、机械工（车工、钳工等）、电工、无线电报务员、火车司机、长途公共汽车司机、机械制图员、机器修理人员、电器师。

**I（研究型）**：气象学者、生物学者、天文学家、药剂师、动物学者、化学家、科学报刊编辑、地质学者、植物学者、物理学者、数学家、实验员、科研人员、科技作者。

**A（艺术型）**：室内装饰专家、图书管理专家、摄影师、音乐教师、作家、演员、记者、诗人、作曲家、编剧、雕刻家、漫画家。

**S（社会型）**：社会学者、导游、福利机构工作者、咨询人员、社会工作者、社会科学教师、学校领导、精神病工作者、公共保健护士。

**E（企业型）**：推销员、进货员、商品批发员、旅馆经理、饭店经理、广告宣传员、调度员、律师、政治家、零售商。

**C（常规型）**：记账员、会计、银行出纳、法庭速记员、成本估算员、税务员、核算员、打字员、办公室职员、统计员、计算机操作员、秘书。

以下是与你三个代号的职业兴趣类型一致的职业，对照的方法如下：首先根据你的职业兴趣代号找出相应的职业，例如你的职业兴趣代号是RIA，那么牙科技术人员、陶工等是符合你兴趣的职业。然后寻找与你职业兴趣代号相近的职业，如你的职业兴趣代号是RIA，那么，其他由这三个字母组合成的编号（如IRA、IAR、ARI等）对应的职业，也较符合你的兴趣。

**RIA**：牙科技术员、陶工、建筑设计员、模型工、细木工、制作链条人员。

**RIS**：厨师、林务员、跳水员、潜水员、染色员、修理电器人员、制作眼镜人员、电工、纺织机器装配工、服务员、装玻璃工人、发电厂工人、焊接工。

**RIE**：建筑和桥梁工程、环境工程、航空工程、公路工程、电力工程、信号工程、电话工程人员，一般机械工程、自动工程、矿业工程、海洋工程、交通工程技术人员，制图员，家政经济人员，计量员，农民，农业机械操作工，清洁工，无线电修理工，汽车修理工，手表修理工，管工，线路装配工，工具仓库管理员。

**RIC**：船上工作人员、接待员、杂志保管员、牙医助手、制帽工、磨坊工、石匠、机器制造人员、机车（火车头）制造人员、农业机器装配工、汽车装配工、缝纫机装配工、钟表装配和检验人员、电动器具装配工、鞋匠、锁匠、货物检验员、电梯机修工、托儿所所长、钢琴调音员、装配工、印刷工、建筑钢铁工作人员、卡车司机。

**RAI**：手工雕刻人员、玻璃雕刻人员、模型制作人员、家具木工、皮革品制作人员、手工绣花人员、手工钩针纺织人员、排字工人、印刷工人、图画雕刻人员、装订工。

**RSE**：消防员、交通巡警、警察、门卫、理发师、房间清洁工、屠夫、锻工、开凿工人、管道安装工、出租汽车驾驶员、货物搬运工、送报员、勘探员、娱乐场所的服务员、起卸机操作工、灭害虫者、电梯操作工、厨房助手。

**RSI**：纺织工、编织工、农业学校教师、某些职业课程（诸如艺术、商业、技术、工艺课程）教师、雨衣上胶工。

**REC**：抄水表员、保姆、实验室动物饲养员、动物管理员。

**REI**：轮船船长、航海领航员、大副、试管实验员。

**RES**：旅馆服务员、家畜饲养员、渔民、渔网修补工、水手长、收割机操作工、搬运行李工人、公园服务员、救生员、登山导游、火车工程技术员、建筑工人、铺轨工人。

**RCI**：测量员、勘测员、仪表操作者、农业工程技术人员、化学工程技师、民用工程技师、石油工程技师、资料室管理员、探矿工、煅烧工、矿工、保养工、磨床工、取样工、样品检验员、纺纱工、炮手、漂洗工、电焊工、锯木工、刨床工、制帽工、手工缝纫工、油漆工、染色工、按摩工、木匠、农民、建筑工人、电影放映员、勘测员助手。

**RCS**：公共汽车驾驶员、一等水手、游泳池服务员、裁缝、建筑工人、石匠、烟囱修建工、混凝土工、电话修理工、爆炸手、邮递员、矿工、裱糊工人、纺纱工。

**RCE**：打井工、吊车驾驶员、农场工人、邮件分类员、铲车司机、拖拉机司机。

**IAS**：普通经济学家、农场经济学家、财政经济学家、国际贸易经济学家、实验心理学家、工程心理学家、心理学家、哲学家、内科医生、数学家。

**IAR**：人类学家、天文学家、化学家、物理学家、医学病理研究人员、动物标本剥制者、化石修复者、艺术品管理者。

**ISE**：营养学家、饮食顾问、火灾检查员、邮政服务检查员。

**ISC**：侦察员、电视播音室修理员、电视修理服务员、验尸室人员、编目录者、医学实验室技师、调查研究者。

**ISR**：水生生物学者、昆虫学者、微生物学家、配镜师、矫正视力者、细菌学家、牙科医生、骨科医生。

**ISA**：实验心理学家、普通心理学家、发展心理学家、教育心理学家、社会心理学家、临床心理学家、目标学家、皮肤病学家、精神病学家、妇产科医师、眼科医生、五官科医生、医学实验室技术专家、民航医务人员、护士。

**IES**：细菌学家、生理学家、化学专家、地质专家、地理物理学专家、纺织技术专家、医院药剂师、工业药剂师、药房营业员。

**IEC**：档案保管员、保险统计员。

**ICR**：质量检验技术员、地质学技师、工程师、法官、图书馆技术辅导员、计算机操作员、医院听诊员、家禽检查员。

**IRA**：地理学家、地质学家、声学物理学家、矿物学家、古生物学家、石油学家、地震学家、原子和分子物理学家、电学和磁学物理学家、气象学家、设计审核员、人口统计学家、数学统计学家、外科医生、城市规划家、气象员。

**IRS**：流体物理学家、物理海洋学家、等离子体物理学家、农业科学家、动物学家、食品科学家、园艺学家、植物学家、细菌学家、解剖学家、动物病理学家、作物病理学家、药物学家、生物化学家、生物物理学家、细胞生物学家、临床化学家、遗传学家、分子生物学家、质量控制工程师、地理学家、兽医、放射性治疗技师。

**IRE**：化验员、化学工程师、纺织工程师、食品技师、渔业技术专家、材料和测试工程师、电气工程师、土木工程师、航空工程师、行政官员、冶金专家、原子核工程师、陶瓷工程师、地质工程师、电力工程师、口腔科医生、牙科医生。

**IRC**：飞机领航员、飞行员、物理实验室技师、文献检查员、农业技术专家、动植物技术专家、生物技师、油管检查员、工商业规划者、矿藏安全检查员、纺织品检验员、照相机修理者、工程技术员、编计算程序者、工具设计者、仪器维修工。

**CRI**：会计、记时员、铸造机操作工、打字员、按键操作工、复印机操作工。

**CRS**：仓库保管员、档案管理员、缝纫工、讲述员、收款人。

**CRE**：标价员、实验室工作者、广告管理员、自动打字机操作员、电动机装配工、缝纫机操作工。

**CIS**：记账员、顾客服务员、报刊发行员、土地测量员、保险公司职员、会计师、估价员、邮政检查员、外贸检查员。

**CIE**：打字员、统计员、支票记录员、订货员、校对员、办公室工作人员。

**CIR**：校对员、工程职员、海底电报员、检修计划员、发报员。

**CSE**：接待员、通讯员、电话接线员、卖票员、旅馆服务员、私人职员、商学教师、旅游办事员。

**CSR**：运货代理商、铁路职员、交通检查员、办公室通信员、簿记员、出纳员、银行财务职员。

**CSA**：秘书、图书管理员、办公室办事员。

**CER**：邮递员、数据处理员、办公室办事员。

**CEI**：推销员、经济分析家。

**CES**：银行会计、记账员、法人秘书、速记员、法院报告人。

**ECI**：银行行长、审计员、信用管理员、地产管理员、商业管理员。

**ECS**：信用办事员、保险人员、各类进货员、海关服务经理、售货员、购买员、会计。

**ERI**：建筑物管理员、工业工程师、农场管理员、护士长、农业经营管理人员。

**ERS**：仓库管理员、房屋管理员、货栈监督管理员。

**ERC**：邮政局长、渔船船长、机械操作领班、木工领班、瓦工领班、驾驶员领班。

**EIR**：科学、技术和有关周期出版物的管理员。

**EIC**：专利代理人、鉴定人、运输服务检查员、安全检查员、废品收购人员。

**EIS**：警官、侦察员、交通检验员、安全咨询员、合同管理者、商人。

**EAS**：法官、律师、公证人。

**EAR**：展览室管理员、舞台管理员、播音员、驯兽员。

**ESC**：理发师、裁判员、政府行政管理人员、财政管理员、工程管理员、职业病防治人员、售货员、商业经理、办公室主任、人事负责人、调度员。

**ESR**：家具售货员、书店售货员、公共汽车驾驶员、日用品售货员、护士长、自然科学和工程的行政领导。

**ESI**：博物馆管理员、图书馆管理员、古迹管理员、饮食业经理、地区安全服务管理员、技术服务咨询者、超市管理员、零售商品店店员、批发商、出租汽车服务站调度。

**ESA**：博物馆馆长、报刊管理员、音乐器材售货员、广告商售画营业员、导游、（轮船或班机上的）事务长、飞机上的服务员、船员、法官、律师。

**ASE**：戏剧导演、舞蹈教师、广告撰稿人、报刊专栏作者、记者、演员、英语翻译。

**ASI**：音乐教师、乐器教师、美术教师、管弦乐指挥、合唱队指挥、歌星、演奏家、哲学家、作家、广告经理、时装模特。

**AER**：新闻摄影师、电视摄影师、艺术指导、录音指导、丑角演员、魔术师、木偶戏演员、骑士、跳水员。

**AEI**：音乐指挥、舞台指导、电影导演。

**AES**：流行歌手、舞蹈演员、电影导演、广播节目主持人、舞蹈教师、口技表演者、喜剧演员、模特。

**AIS**：画家、剧作家、编辑、评论家、时装艺术大师、新闻摄影师、男演员、文学作者。

**AIE**：花匠、皮衣设计师、工业产品设计师、剪影艺术家、复制雕刻品大师。

**AIR**：建筑师、画家、摄影师、绘图员、环境美化工、雕刻家、包装设计师、陶器设计师、绣花工、漫画工。

**SEC**：社会活动家、退伍军人服务官员、工商会事务代表、教育咨询者、宿舍管理员、旅馆经理、饮食服务管理员。

**SER**：体育教练、游泳指导人员。

**SEI**：大学校长、学院院长、医院行政管理员、历史学家、家政经济学家、职业学校教师、资料员。

SEA：娱乐活动管理员、国外服务办事员、社会服务助理、一般咨询者、宗教教育工作者。

SCE：部长助理、福利机构职员、生产协调人、环境卫生管理人员、戏院经理、餐馆经理、售票员。

SRI：外科医师助手、医院服务员。

SRE：体育教师、职业病治疗者、体育教练、专业运动员、房管员、儿童家庭教师、警察、引座员、传达员、保姆。

SRC：护理员、护理助理、医院勤杂工、理发师、学校儿童服务人员。

SIA：社会学家、心理咨询者、学校心理学家、政治科学家、大学或学院的系主任、大学或学院的教育学教师、大学农业教师、大学工程和建筑课程的教师、大学法律教师、大学数学教师、大学医学教师、大学物理教师、研究生助教、成人教育教师。

SIE：营养学家、饮食学家、海关检查员、安全检查员、税务稽查员、校长。

SIC：描图员、兽医助手、诊所助理、体检检查员、监督缓刑犯的工作者、娱乐指导者、咨询人员、社会科学教师。

SIR：理疗员、救护队工作人员、手足病医生、职业病治疗助手。

# 第四章　职业能力：能够干什么

**学习目标**

认知目标

● 认知能力的分类及分类的依据。

● 认知职业核心能力的概念。

● 认知不同技能在职业生涯中的地位和作用。

技能目标

● 了解自己的可迁移技能（通用技能）和自我管理的技能。

● 通过恰当评价专业知识与技能，找到有效的学习方法。

**认知与实践**

## 一、能力概念的内涵

能力是人们完成某一活动所必须具备的个性条件和心理特征。由于能力直接与活动相关，因此，完成活动的速度和质量被认为是衡量能力大小的两个标志。能力是由多种因素决定的一个整体性、综合性的概念。在这一框架中，各种不同的知识、技能等因素共同作用于个体行为，形成特定的结构。有人把这种能力结构比做一座水中的"冰山"，这座冰山由显性的水上部分和隐性的水下部分构成。显性的水上部分如专业知识、各种通用技能等，一般可以直接观察或测量。隐性的水下部分如价值观、自我定位、驱动力、人格特质等方面。有人认为，真正决定一个人能否成功的，是隐藏在水面以下、难以捕捉、不易测量的方面。

## 二、能力的重要性

### （一）能力与大学

在大学应该学什么？除了学习知识外，最关键、最基本、最重要的是能力的培养与提高。不同的专业代表了不同的知识，但不同的专业往往具有相通的通用能力。这些通用能力是能够跨越不同专业的"最大公约数"，如学习能力、适应能力、组织协调能力、合作能力、沟通交流能力、信息分析能力、创新思维能力等。许多同学可能认为上大学就是学专业知识，殊不知大学学习的核心任务是培养能力和提高素养。这里不是说专业知识不重要，而是强调能力比知识更重要。你必须实现知识的超越，向前再走一步。同时，能力的形成也和知识密切相联系。古人云："多学近乎智。"

### （二）能力与职业

能力与个人的职业满意度、工作适应性以及职业稳定性具有直接的相关关系。有学者认为，当工作环境能够满足个人的需要时，个人会感到"内在满意"；当个人能够满足工作的各项要求时，个人会实现"外在满意"（即你的工作让你的上级、同事感到满意）。当个人能够同时达到内在和外在满意时，个人与环境之间的关系就比较协调。个人的工作满意度较高，在该领域就具有更持久的职业稳定性。

研究者发现，在对"内在满意"和"外在满意"这两个指标的测量中，能力都占有重要的地位。他们认为，"外在满意"主要可以通过衡量个人职业技能与工作技能要求之间的契合程度进行评估；而"内在满意"主要通过衡量个人价值观与企业文化以及奖惩制度之间的适配性进行评估。

总之，当一个人的能力和工作的要求相匹配时，他最容易发挥自己的潜能并且获得满足感。相反，当一个人去做自己力所不能及的工作时，他就会感到焦虑，甚至产生挫败感。如果一个人的能力超出工作要求很多，他又容易感到工作缺乏挑战，产生乏味厌倦的感觉。因此，在选择职业时，我们同样要寻求个人能力与职业要求之间的适配。我们需要清楚自己具备什么样的能力、职业又有什么样的能力要求。

## 三、能力的分类

能力按照其获得方式，即先天具有还是后天习得，可以分为天赋和技能。一般认为，"多元智能"理论所揭示的能力类型属于天赋。而技能可以分为专业知识与技能、可迁移技能（通用技能）和自我管理技能。从职业发展的角度看，自我管理技能、通用技能比专业知识与技能更重要。因此，我们将自我管理技能和通用技能的叠加称为职业核心能力。拥有精彩的职业生涯需要发现自己的天赋，培养自己的职业核心能力。

（一）天赋

关于天赋，最著名的理论当属"多元智能"理论。

多元智能理论由美国哈佛大学著名学者霍华德·加德纳（Howard Gardner）于1983年提出。传统的教育只强调学生在数理逻辑和语言文字（主要是读和写）两方面的发展。但这并不是人类智能的全部。不同的人会有不同的智能组合，例如，建筑师和雕塑家的空间感、运动员和芭蕾演员的肢体协作运作智能、公关专家的人际智能、作家的内省智能等。

加德纳在进行此项研究时考察了大量的案例，如关于神童的研究、关于脑损伤病人的研究、关于有特殊技能而心智不全者的研究、关于正常儿童和成人的研究，以及各种不同文化背景下的个体研究。基于这些对人类潜能的大量实验研究，加德纳在1983年出版了《智能的结构》一书，首次提出了多元智能理论的基本结构。其理论要点是：第一，智力是多元的而不是一元的；第二，多元智能不以整合的方式存在，而以相对独立的方式存在。

加德纳认为，过去对智力的定义过于狭窄，未能正确反映一个人的真实能力。多元智能理论将智能看作是人在特定情境中解决问题并有所创造的能力，是一个量度他的解题能力（ability to solve problems）的指标。根据这个定义，加德纳提出，人类的智能至少可以分成七个范畴，后来增加至八个：①语言；②数理逻辑；③视觉空间；④身体—动觉；⑤音乐；⑥人际；⑦内省；⑧自然探索（加德纳在1995年补充）。

多元智能理论的基本特征是：强调多元性；强调差异性；强调创造性；强调开发性。

多元智能理论告诉我们，"天生我材必有用"，不存在谁更聪明的问题，只存在谁在哪方面更聪明的问题。学生的差异性对学生自身、对教育和社会而言，都是一种宝贵的资源。我们要改变传统的成才观，用赏识和发现的目光去看待学生，引导他们并发掘他们的智能，这既是教育的使命，也是每位同学自身的使命。

如果进行简单的归类，以上八种智能中，我们可以把语言文字能力和数理逻辑能力看作是我们常常说的智商。智商主要用来解决一系列相对比较程序化的问题，而情商主要用于解决情绪调节、关系认知、待人接物、角色互换等方面的问题。

---

**【讨论】**

关于情商与智商，何者更重要？请将讨论的结果用简洁明晰的语言写下来。

_____

_____

---

（二）技能

技能（skill）则是指经过后天学习和培养而形成的能力，如阅读能力、人际交往能力、表达能力等。在个人成长的过程中，从什么也不会做的婴儿到一个生活自理，能够看、听、说、走、阅读、写字的成年人，其实我们每个人都已经学会了无数的技能。技能可以依据不同的标准进行分类。对我们的职业生涯而言，辛迪·梵（Sidney Fine）等人对技能的分类更有意义。他们将技能分为三种类型：

1.专业知识技能

专业知识技能是指那些只有通过教育或者培训才能获得的能力，一般是个人所学习的科目。比如你是否掌握外语、营销管理、报关或物流等知识。所以，专业知识技能一般用名词来表示。请同学们参照本章附录的专业知识技能词汇表，更好地了解此问题。

2.自我管理技能

自我管理技能是指受教育者依靠主观能动性，按照社会目标，有意识地对自己的理念、行为进行转化和控制的能力。它通常表现为人的个性品质，涉及个体在不同的环境下如何管理自己：是勇于创新还是循规蹈矩，是严谨认真还是敷衍了事，是从容镇定还是惊慌失措，以及是否对工作充满自信和热情等。良好的自我管理技能能够帮助个体更好地适应周围的环境、应对工作中出现的问题，正因为此，它也被称为"适应性技能"。自我管理技能通常用形容词或副词来表示。请同学们参照本章附录的自我管理技能词汇表，更好地了解此问题。

3.可迁移技能（或称通用技能）

可迁移技能是已有的技能对未有技能的影响。因为任何学习都是学习者在已经具有的知识经验和认知结构基础上进行的，这种新旧学习之间的相互影响就是学习的迁移。简单来说，就是一种学习对另一种学习的影响。迁移是人在学习中最常见、最重要的一种心理现象，任何有意义的学习，都无不存在着迁移现象。迁移的本质，实质上是两种学习在知识结构、认知规律上相同要素间的影响与同化。比如你学会了骑自行车，就有助于你学会骑摩托车。你在课堂上经常演讲和参与讨论，有助于提高你的表达和沟通技能。可迁移技能也称为"通用技能"，一般用动词来表示。请同学们参照本章附录的通用技能词汇表，更好地了解此问题。

## 【练习】

### 探索我的技能

1.完形填空

按照下面的格式填写三件你能做的事情，并解释为什么。例如：

我可以做研究，因为我很细心，有专业知识。

我可以做讲师，因为我的表达能力很强。

我可以写作，因为我善于深刻思考。

我可以（　　　　　　　），因为（　　　　　　　　　　）

我可以（　　　　　　　），因为（　　　　　　　　　　）

我可以（　　　　　　　），因为（　　　　　　　　　　）

2.技能探索

通过以上的学习我们已经知道，专业知识技能用名词来表示，自我管理技能用形容词或副词来表示，通用技能用动词来表示。

请根据你对自身的认知和他人（如你的父母、朋友或实习中的同事）对你的评价，同时参照本章后面的技能词汇表，写出你所具备的技能。

我的专业知识技能是（名词）：

_____

_____

_____

我的自我管理技能是（形容词或副词）：

_____

_____

_____

我的通用技能是（动词）：

_____

_____

_____


3.技能的重要性

请根据重要性将这三种技能排序。你能否用某一种事物形象地揭示三种技能间的关系？请用图示的方式表明你的结论。

_____

_____

_____


4.核心技能的概括

你能否用一个新的概念概括自我管理的技能和通用技能？请写出这个概念。

_____

_____

_____


**我的感悟**

本次课我感触最深的地方是：

我将在自己的学习、工作和生活中做如下改变：

时间期限：

### 延伸阅读

## 一、能力的其他分类

我们以上对能力进行分类，主要是从职业生涯规划以及职业要求与能力匹配的角度看待能力，是本课程对"能力"理解的一种捷径。事实上，能力还可以从以下角度划分。了解这些不同依据的能力分类，有助于同学们全方位地看待"能力"。

（一）一般能力和特殊能力

按照能力的适应性，可将其分为一般能力和特殊能力。一般能力是大多数活动都需要的能力，是人们共有的基本能力，比如注意力、观察力、记忆力、想象力等。一般能力以抽象概括为核心。一般能力就是通常所说的智力。特殊能力是指从事某项专门活动所需要具备的能力，通常也称特长，如计算能力、音乐能力、运动协调能力、机械能力、美术能力、写作能力、空间判断能力等。在活动中，一般能力和特殊能力共同起作用。

（二）职业能力和非职业能力

依据能力与职业的相关性，能力可以分为职业能力和非职业能力。前者是指在职业活动中发展起来的，直接影响职业活动效率和质量的能力。后者指并非从事某项职业所必须具备的能力。

关于职业能力，目前还没有一个公认的定义。国际劳工大会将职业能力描述为个体获得和保持工作，在工作中进步以及应对变化的能力。美国教育与就业委员会将职业能力描述为获得和保持工作的能力。在德国，一般将职业能力理解为职业行动能力。也有人认为职业能力应该综合知识、技能、态度和个性等特点，为个体能够符合特定的工作以及教育和社会文化的要求发挥作用。还有人从广义和狭义的角度区分职业能力，认为狭义的职业能力指某个岗位所需的工作能力，广义的职业能力指某类职业群的工作能力。

职业能力和职业实践互为因果。从事一定的职业活动需要以一定的职业能力为前提，而在实践过程中不断涌现出来的新问题、新要求，客观上要求相应能力水平的不断提高。一般认为，职业能力主要体现在职业适应能力、学习能力、合作能力、信息处理能力等方面。

（三）认知能力、操作能力和社交能力

能力依据其功能，可以划分为认知能力、操作能力和社交能力。认知能力是我们在学习、理解、概括、分析、研究等方面表现的能力，这是完成某种活动最重要的心理条件。操作能力是制作、操作和运动的能力。劳动、艺术表演、体育活动、实验操作等都被认为是操作能力。社交能力，即人们在社会交往中所表现出来的能力，如组织管理、说服、沟通、包容协作等。

（四）模仿能力和创造能力

能力依据它参与活动的性质可分为模仿能力和创造能力。模仿能力是指模仿他人言行举止的能力。如绘画、表演、学习说话等。学者认为，模仿能力是人们彼此相互影响的重要方式，是个体行为社会化的表现。创造能力是产生新思想、创造新事物的能力。智力和创造力的关系是一个很有意义的问题。一般认为，智力是创造力的必要条件，但不是充分条件。也就是说，智力低的人很少有高的创造力，但智力高的人可能也有低的创造力。

（五）现实能力和可能能力

按照能力表现程度的不同，可以将其分为现实能力和可能能力。前者是已经达到某种熟练程度、真实表现出来的能力；后者指虽然尚未完全表现出来，但通过培训可能很快表现出来的能力。

（六）自我效能感

在这里，这个概念并不是分类，但因为其意义也列在此。所谓自我效能感，是指个人对自己的能力，以及运用该能力将达到何种结果所持有的信心。研究发现，在实际生活和工作中，对个人行为起决定作用的往往不是个人实际能力的高低，而是个人的自我效能感。

## 二、雇主们最重视哪些技能

根据美国全国大学与雇主协会（National Association of College and Employers）的调查，美国雇主们最为重视的技能和个人品质按顺序排列如下：

（1）沟通能力。

（2）积极主动性。

（3）团队合作精神。

（4）领导能力。

（5）学习成绩。

（6）人际交往能力。

（7）适应能力。

（8）专业技术。

（9）诚实正直。

（10）职业道德。

（11）分析解决问题的能力。

从中不难看到，其中的第1、4、6、7、11项都属于可迁移技能，第2、3、9、10项都是自我管理技能，而专业知识技能排在第5和第8。

美国劳工部及美国职业发展协会（National Career Development Association）对雇主进行的另一份调查也显示：雇主们非常重视员工的自我管理技能和可迁移技能。具体如下：

（1）善于学习。

（2）读、写、算的能力。

（3）良好的交流能力，包括听、说能力。

（4）创造性思维和解决问题的能力。

（5）自尊、积极、有奋斗目标。

（6）有个人和事业开拓能力。

（7）交际、谈判能力及团队精神。

（8）良好的组织和领导能力。

实际上，上述能力不仅为美国雇主所看重，也为中国雇主所看重，具有一定的代表性。

**相关资源**

［美］洛克著：《把握你的职业生涯发展方向》，钟谷兰等译，中国轻工业出版社2006年版。

附录

# 技能词汇表

说明：技能词汇表的作用是启发同学们的思路，并不代表某种技能的全部。更为丰富的技能词汇大家可以参照网络等相关资源。

## 专业知识技能词汇表

| | | | |
|---|---|---|---|
| 会计 | 管理 | 农业 | 飞机 |
| 仪器 | 椅子 | 娱乐 | 疾病 |
| 学徒 | 支票 | 设备 | 魔力 |
| 仲裁 | 化学 | 道德 | 玻璃 |
| 建筑 | 教堂 | 欧洲 | 目标 |
| 数学 | 城市 | 织物 | 政府 |
| 艺术 | 泥土 | 家庭 | 机构 |
| 亚洲 | 衣服 | 时尚 | 谷物 |
| 天文 | 学院 | 发酵 | 语法 |
| 原子 | 喜剧 | 纤维 | 小组 |
| 音频 | 公司 | 电影 | 头发 |
| 信仰 | 修建 | 消防 | 听力 |
| 毯子 | 顾客 | 飞行 | 园艺 |
| 蓝图 | 风俗 | 地板 | 医院 |
| 植物 | 装饰 | 食物 | 人性 |
| 预算 | 疾病 | 叉车 | 意识 |
| 建筑 | 戏剧 | 水果 | 文盲 |
| 生意 | 染料 | 家具 | 移民 |
| 橱柜 | 地震 | 皮毛 | 税收 |
| 卡通 | 雇主 | 宝石 | 兴趣 |
| 新闻 | 药物 | 行李 | 问题 |

| 正义 | 会议 | 包装 | 产品 |
|---|---|---|---|
| 语言 | 细菌 | 形式 | 出版 |
| 法律 | 电影 | 绩效 | 棉被 |
| 草坪 | 动物 | 人格 | 铁路 |
| 领导 | 马达 | 前景 | 范围 |
| 文学 | 声音 | 图画 | 饭馆 |
| 位置 | 导航 | 灰浆 | 河流 |
| 长寿 | 报纸 | 游戏 | 角色 |
| 地图 | 戏剧 | 政治 | 销售 |
| 婚姻 | 光学 | 杂技 | 卫生 |
| 材料 | 组织 | 工具 | 风景 |
| 雕塑 | 风暴 | 玩具 | 武器 |
| 海洋 | 火炉 | 培训 | 天气 |
| 种子 | 策略 | 火车 | 纺织 |
| 丝绸 | 对称 | 制服 | 窗户 |
| 素描 | 牙齿 | 假期 | 木材 |
| 舞台 | 剧院 | 视力 | 写作 |
| 污点 | 神学 | 图像 | 射线 |
| 统计学 | 理论 | 词汇 | 游艇 |
| 存货 | 疗法 | 声音 | 故事 |
| 污染物 | 摩托车 | 望远镜 | 麻醉剂 |
| 解剖学 | 青春期 | 老年学 | 计算机 |
| 人类学 | 制陶术 | 工程学 | 地理学 |
| 办公设备 | 青年团体 | 包装材料 | 体育运动 |
| 卫生设备 | 野生生物 | 挡风玻璃 | 公用事业 |

### 自我管理技能词汇表

| | | | |
|---|---|---|---|
| 诚实的 | 正直的 | 自信的 | 开朗的 |
| 合作的 | 耐心的 | 细致的 | 慎重的 |
| 认真的 | 负责的 | 可靠的 | 灵活的 |
| 幽默的 | 友好的 | 真诚的 | 热情的 |
| 投入的 | 高效的 | 冷静的 | 严谨的 |
| 踏实的 | 积极的 | 主动的 | 豪爽的 |
| 勇敢的 | 忠诚的 | 直爽的 | 现实的 |
| 执着的 | 机灵的 | 感性的 | 善良的 |
| 大度的 | 坚强的 | 随和的 | 聪明的 |
| 稳重的 | 热情的 | 乐观的 | 朴实的 |
| 渊博的 | 机智的 | 敏捷的 | 活泼的 |
| 灵活的 | 敏锐的 | 公正的 | 宽容的 |
| 勤奋的 | 镇定的 | 坦率的 | 慷慨的 |
| 清晰的 | 明智的 | 坚定的 | 乐观的 |
| 亲切的 | 好奇的 | 果断的 | 独立的 |
| 成熟的 | 谦虚的 | 理性的 | 周详的 |
| 客观的 | 平和的 | 有创意 | 慈爱的 |
| 有远见的 | 有抱负的 | 有条理的 | 有激情的 |
| 善于观察 | 坚忍不拔 | 足智多谋 | 精力旺盛 |
| 吃苦耐劳 | 多才多艺 | 彬彬有礼 | 善解人意 |

### 通用技能词汇表

| | | | |
|---|---|---|---|
| 照顾 | 指导 | 执行 | 运送 |
| 洞察 | 适应 | 制图 | 发现 |
| 管理 | 选择 | 控制 | 拆除 |
| 分类 | 复制 | 草拟 | 分析 |
| 训练 | 纠正 | 绘制 | 预测 |
| 收集 | 联络 | 交流 | 编辑 |

| | | | |
|---|---|---|---|
| 安排 | 比较 | 创造 | 装配 |
| 比赛 | 培养 | 鼓励 | 决定 |
| 评估 | 定义 | 协助 | 参加 |
| 领会 | 娱乐 | 审核 | 计算 |
| 证明 | 权衡 | 设计 | 估计 |
| 详述 | 美化 | 协和 | 探测 |
| 购买 | 探索 | 发明 | 预测 |
| 解释 | 保存 | 表达 | 促进 |
| 领导 | 搬运 | 感受 | 学习 |
| 喂养 | 分享 | 提升 | 填充 |
| 倾听 | 校对 | 简化 | 定位 |
| 调整 | 唱歌 | 保护 | 装载 |
| 融资 | 交际 | 管理 | 预见 |
| 分类 | 追随 | 演讲 | 操纵 |
| 提问 | 拼写 | 测量 | 阐述 |
| 驾驶 | 阅读 | 推理 | 激励 |
| 募捐 | 调停 | 推荐 | 精简 |
| 记忆 | 测量 | 研究 | 调解 |
| 会见 | 收集 | 记录 | 建议 |
| 招聘 | 总结 | 统治 | 监督 |
| 示范 | 恢复 | 审视 | 引导 |
| 修改 | 讲述 | 激发 | 收获 |
| 教导 | 处理 | 合成 | 回忆 |
| 列表 | 研究 | 呈递 | 报告 |
| 商讨 | 帮助 | 交谈 | 修理 |
| 识别 | 描绘 | 举例 | 观察 |
| 开玩笑 | 概念化 | 系统化 | 最小化 |

# 第五章　职业价值观：看重干什么

### 学习目标

认知目标

● 认识价值观对个人职业选择和发展的影响。

● 在职业规划中能重视对个人价值观的澄清。

● 认识价值观与个人需要及人生不同阶段目标之间的关系。

技能目标

● 借助价值观分类及测评等工具对自己的价值观进行澄清和排序。

● 在进行职业选择和决策时，能够有意识地考虑价值观因素的影响，正视并合理地看待自己的价值观。

**认知与实践**

## 一、价值观和职业价值观

### （一）价值观

谈到价值观，我们往往容易联想到一个词——"观念"。观念是指一个人对某一事物的看法。在实际生活中，可以说正是我们不同的观念左右了我们不同的行为，进而产生了不同的结果。伴随着生活阅历的增加，我们大脑中的观念也在不断地积淀，价值观也就渐渐地形成了。"价值观"几乎可以决定一个人对任何事物的看法。比如，如果有人问你"碳酸饮料好还是果汁好"的问题，你就要根据不同的标准来回答。而我们所依据的判断"好"与"坏"的标准，就是由我们每个人各自的价值观决定的。每个人的价值观虽然可以各不相同，但是对个人而言价值观存在于每个人内心深处而且具有相对的稳定性。因此，价值观就是我们在生活和工作中所遵循的原则、标准，也是个人重要的自我激励机制。

美国心理学家洛特克1937年在《人类价值观的本质》一书中，提出了13种价值观：成就感、美感的追求、挑战性、健康、收入与财富、独立性、爱、家庭和人际关系、道德感、欢乐、权力、安全感、自我成长和社会交往。

价值观的作用主要表现在两个方面：第一，价值观反映人们的认知和需求状况，是人们对客观世界及行为结果的评价和看法，因而，它从某个方面反映了人们的人生观，反映了人的主观认知世界。第二，价值观对人的行为动机产生导向作用，人们行为的动机受价值观的支配和制约。因此，在同样的客观条件下，具有不同价值观的人，就会有不同的行为动机，所产生的行为也不相同。

**【案例】**

张昕宇，1977年生，他与梁红曾在北京地坛附近一起生活，一起上幼儿园、小学、中学。伴随着年龄的增长，他们相爱了。张昕宇当兵退伍后与梁红一起自主创业，他们一起卖过冰棍、羊肉串，修过摩托车，承包过厕所，卖过豆腐，做过很多尝试，历经坎坷，后来又一起做起了银饰生产和加工生意。2000年他们终于实现自己的梦想，成为千万富翁。

在"5·12"汶川特大地震中，张昕宇带着他的救援队进入灾区进行救援，他们目睹了一片片废墟、一排排死难者的遗体和失去亲人的幸存者的号啕大哭……感受到了生命的珍贵、脆弱、易逝和短暂。这段经历使张昕宇和梁红共同反思他们生活的意义：人生难道就只是买房子、车子，然后就是买更大的房子、更大的车子吗？

张昕宇、梁红决定用他们的余生去追寻和实现自己的梦想。他们用了四年的时间学习各种生存技能，2012年，他们用过去做生意的积蓄作为资金，开始了环球旅行。他们曾在索马里遭遇海盗，探秘切尔诺贝利，探访马鲁姆火山口，在-52℃的北极张昕宇向梁红求婚……2013年7月5日，张昕宇、梁红和伙伴们驾驶"北京号"帆船从上海启航，历时231天航行35000公里到达南极，途经韩国、日本、俄罗斯、美国、墨西哥、厄瓜多尔、秘鲁、智利、阿根廷等国家。2014年2月25日，张昕宇、梁红在南极长城站举行了一场"浪漫到极点"的婚礼，这也是中国人在南极举行的第一场婚礼，实现了他们"北极求婚，南极结婚"的夙愿。同时，他们又联手优酷网推出了户外真人秀《侣行》。首期节目上线后，一天内就突破了200万的播放量，并获得"2013年度视频节目"称号。

（二）职业价值观

职业价值观（Occupational Values）的最早提出者是20世纪50年代的舒伯，他认为：职业价值观与人生价值观类似，是人们在职业发展中类似于工作目的的诉求与表达。职业价值观是个体价值观在职业问题上的体现和反映，具体表现在职业选择、职业认知和职业目标追求等方面，也就是个人从事满足自己内在需求的活动时所追求的工作特质或属性。每一种职业对于社会而言都是不可缺少的，然而每种职业都包含其各自的特性及不同的职业意义。每个人根据自己的价值观对每一种职业所作的不同的评价和取向，就是职业价值观。

【练习】

## 有关"工作"的联想

1.请写下"我所希望做的工作"。

(1)_____

_____

(2)_____

_____

(3)_____

_____

(4)_____

_____

2.请思考：对于金钱、社会地位、安全稳定性、个人兴趣的满足等因素，你在工作中比较看重的是什么？写下你所想的并与同学交流分享。

(1)_____

_____

(2)_____

_____

(3)_____

_____

(4)_____

_____

3.价值观的激励作用

美国心理学家马斯洛在1943年出版的《人类动机的理论》一书中提出需要的5个层次：

（1）生理需要，是个人生存的基本需要，如吃、喝、住、行等。

（2）安全需要，包括心理上与物质上的安全保障，如不受盗窃的威胁、预防危险事故、职业有保障、有社会保险和退休金等。

（3）社交需要，人是社会的一员，需要友谊和群体的归属感，人际交往需要彼此同情、互助和赞许。

（4）尊重需要，包括要求得到别人的尊重和自己具有内在的自尊心。

（5）自我实现需要，指通过自己的努力，实现自己对生活的期望，从而对生活和工作真正感到很有意义。

马斯洛的需要层次理论（图5-1）认为，需要是内在的、天生的，而且是按先后顺序发展的，满足需要是自我激励的因素。这些不同层次的需要反映在我们的生活中，就体现为我们的价值观。比如，有的同学会比较看重工作能给自己带来多少收入，而有的同学可能考虑要做自己所喜欢的工作。这两者的不同在很大程度上可以归结于他们所处的需求层次不同，前者处在"生理""安全"的层面上，而后者是在较低层面的需求得到满足的情况下，追求对"社交和归属""自我尊重""自我实现"的需要。

我们每个人的需求可以是相似的；但是，每个人对于各个需求层次的理解和认知大

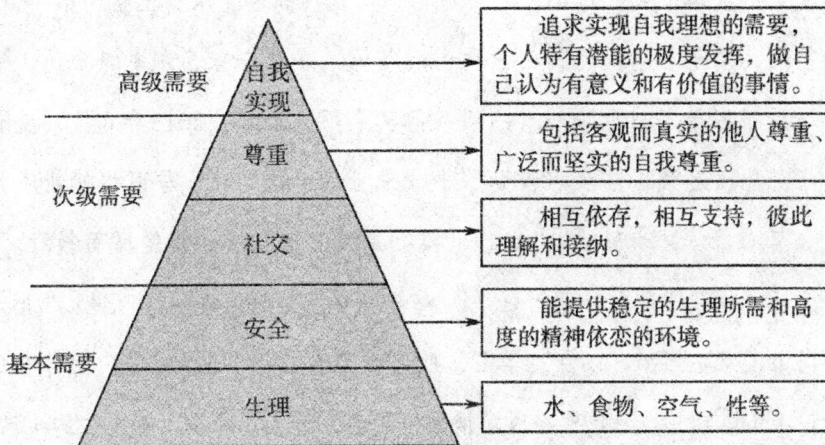

图5-1 马斯洛需求层次理论

不相同。每个人对于自己的需求都有着不同的价值观理解，进而对我们的行为和生活产生了不同的导向和激励作用，造就了我们每个人生动具体而丰富多彩的人生历程。

【案例】

### "北大屠夫"的故事及其职业价值观

陆步轩，1966年出生。1985年以西安市长安区文科状元的成绩考入北大中文系学习，1989年毕业，先在国企工作，后下海经商，尝试过多种职业都无起色。2003年，迫于生活压力，在街头开了肉铺，自己亲自操刀卖肉，在当地引起热议。"昔日的北大才子，今日沦为街头屠夫，真是教育的失败、北大的耻辱。"国内许多媒体相继以"北大毕业生长安卖肉"为题报道了陆步轩的现状。"陆步轩现象"引起了社会对就业观念、人才标准、社会分配等众多问题的深刻反思。2004年，陆步轩被政府调入当地档案馆工作，他把自己的经历写成了20万字的纪实文学《屠夫看世界》。2008年，陆步轩在广州认识了同为北大校友、同是"卖肉佬"的陈生。陈生邀他赴广州，共同开办"屠夫学校"。2009年8月，陆步轩毅然辞去了公职，重操旧业。由陈生出资办学，陆步轩为屠夫学校编写教材，内容涉及市场营销学、营养学、礼仪学、烹饪学等学科，另外还要求学员必须到饲养场去了解生猪的科学饲养，希望"培养出来的都将是通晓整个产业流程的高素质屠夫"。2015年，两人联手打造的壹号土猪销售额超过10亿元，成为满足国内高端需求的土猪肉第一品牌。

当然，对于自己坎坷的创业和生活经历，陆步轩有着许多的心酸。他坦言：毕业很多年了，母校北大的活动他从来不敢参加。2013年4月，受北大就业指导中心邀请，陆步轩来到"北大职业素养大讲堂"与面临就业压力的学生分享心得。陆步轩说："我给母校丢了脸、抹了黑，我是反面教材。"说完一席话，他几乎哽咽。而时任北大校长许智宏为此演讲致辞时说："北大学生可以做国家主席，可以做科学家，也可以卖猪肉。""北大屠夫"的标签曾让陆步轩苦不堪言，现今他已经成功地放下过去，过上了许多人都向往的生活。

## 二、探索个人价值观

（一）价值观的自我检视

我们在做职业生涯规划时，必须澄清和明确自己的价值观是什么，哪些是自己最看重、在择业时应当优先考虑和选择的。这些问题似乎比较抽象，却是自己最终无法回避的。因为，价值观在决定职业生涯发展的方向方面，其作用在一定程度上甚至超过了自己的性格、兴趣和能力。

【练习】

### 我的"白日梦"

1.如果我有100万元，我将做如下支配：

（1）＿＿＿＿＿＿＿＿＿＿＿＿＿＿＿＿＿＿＿＿＿＿；

（2）＿＿＿＿＿＿＿＿＿＿＿＿＿＿＿＿＿＿＿＿＿＿；

（3）＿＿＿＿＿＿＿＿＿＿＿＿＿＿＿＿＿＿＿＿＿＿。

2.在生活中我最想得到的是：

（1）＿＿＿＿＿＿＿＿＿＿＿＿＿＿＿＿＿＿＿＿＿＿；

（2）＿＿＿＿＿＿＿＿＿＿＿＿＿＿＿＿＿＿＿＿＿＿；

（3）＿＿＿＿＿＿＿＿＿＿＿＿＿＿＿＿＿＿＿＿＿＿。

3.如果我在大火中只能救出三件东西，它们是：

（1）＿＿＿＿＿＿＿＿＿＿＿＿＿＿＿＿＿＿＿＿＿＿；

（2）＿＿＿＿＿＿＿＿＿＿＿＿＿＿＿＿＿＿＿＿＿＿；

（3）＿＿＿＿＿＿＿＿＿＿＿＿＿＿＿＿＿＿＿＿＿＿。

4.我最期待从工作中获得：

（1）＿＿＿＿＿＿＿＿＿＿＿＿＿＿＿＿＿＿＿＿＿＿；

（2）_____；

（3）_____。

## 我的职业价值观清单

1.在下列价值观关键词语中，写下你自己的理解并作出选择。

☐人际关系/归属感、团队合作

☐物质保障/高收入

☐稳定

☐安全

☐创造性

☐多样性和变化性、新鲜感

☐自由独立（时间、工作任务）

☐被认可

☐受尊重

☐能帮助他人

☐能发挥自己的才能

☐成就感

☐成功

☐地位

☐自主独立

☐有学习/发展/成长的机会

☐权力（领导/影响他人）

☐挑战性

☐冒险性

□名誉

□信仰

□健康

□亲密关系

□朋友

□家庭

□工作环境

□符合自己的道德观

□竞争

□自由

□工作与生活平衡

2.我认为最重要的价值观是：

（1）_____；

（2）_____；

（3）_____；

（4）_____；

（5）_____。

3. 我认为不重要的价值观是：

（1）_____；

（2）_____；

（3）_____；

（4）_____；

（5）_____。

4. 我认为中性的价值观是：

（1）＿＿＿＿＿＿＿＿＿＿＿＿＿＿＿＿＿＿＿＿＿＿＿＿＿＿；

（2）＿＿＿＿＿＿＿＿＿＿＿＿＿＿＿＿＿＿＿＿＿＿＿＿＿＿；

（3）＿＿＿＿＿＿＿＿＿＿＿＿＿＿＿＿＿＿＿＿＿＿＿＿＿＿；

（4）＿＿＿＿＿＿＿＿＿＿＿＿＿＿＿＿＿＿＿＿＿＿＿＿＿＿；

（5）＿＿＿＿＿＿＿＿＿＿＿＿＿＿＿＿＿＿＿＿＿＿＿＿＿＿。

（二）真实价值观澄清

每个人都有自己独特的价值观。这些价值观虽然没有对错之分，但是它们对于我们每个人的生活和职业发展的影响是非常明显的，因此，我们应当澄清自己的价值观并适时地作出调整。同时也要认识到：很少有工作能够完全满足一个人所有的重要价值观。所以我们需要对自己的价值观进行澄清和排序，这样才能知道自己所拥有的最重要的价值观。在个人价值观的探索活动中，可能有人会发现自己对价值观的取舍和排序是一个艰难的过程，甚至在做完了这个活动之后，仍然不清楚自己想要的是什么。比如在"价值观市场"交换到最后，可能有人发现自己留下来的最后一条价值观也不见得就是对自己真正重要的。出现这样的情况也是很正常的。因为大学生正处在建立和形成个人价值观的生涯探索期，出现一些模糊不清的认识也是难免的。重要的是，我们每个人有必要对自己的职业和生活进行不断的思考和探索，一次次地澄清积淀，渐渐发现自己真实的价值观追求。

【活动】

### 职业价值观的市场与交换

1. 参照上述"我认为最重要的价值观"，把它们分别写在五张小纸条上。如果你认为还有其他重要的价值观需要补充，也可以再补充。

2.如果你不得不放弃其中的一条，你会放弃哪一条？将你准备放弃的价值观的纸条与其他人交换。

3.保留刚才别人给你的纸条，放在一边。如果再次选择，逐一放弃并与他人交换其余四条价值观，你会怎么放弃？

4.直到最后一条，这是不是无论如何你也不愿放弃的？它是什么？请将它牢牢记在心里。

5.请同桌间交流并分享体验。

## 我的个人价值观宣言

我的个人价值观是：

_____

_____

_____

_____

我对个人价值观的自我承诺是：

_____

_____

_____

目前，我应当做到的是：

_____

_____

_____

_____

### 三、个人价值观与职业

（一）价值观与职业的关系

1.个人价值观决定职业选择和发展

如果有了自己清晰的价值观，你的生活就有了方向。就像买衣服，有的人看重的可能是款式，有的人看重的可能是价格，有的人看重的可能是品牌……我们在选择自己的工作时，也可能因为每个人内心价值需求的不同而作出不同的选择，即使在你满足了自己当前暂时的需要之后，内心的价值需求还会重新召唤你作出新的职业选择。

2.职业体现了个人价值观

每个人的职业行为体现了个体的价值观。对个人而言，你所从事的工作或许不一定能满足你的兴趣，不一定与你的性格相匹配，不一定能够发挥你的技能从而满足你的成就感，但是最终决定你工作的还是你内心的价值需求。

（二）价值观对职业作用的具体表现

1.价值观是职业发展的指南针

对自己所从事的职业，如果在价值观层面上有了一定的理解和认识之后，一个人就能克服自己所遇到的各种困难，取得事业的成功。就像河流那样，虽经一座座大山的阻挡和蜿蜒曲折，最终奔向大海。

2.价值观是职业发展的过滤器

面对现实社会的多种干扰和诱惑，一个自我价值需求清晰的人，就像是配备了一层过滤装置，能够清楚地知道哪些才是自己最需要的东西，从而集中精力努力去得到它。

3.价值观是职业幸福感的源泉

人们所从事的职业如果与自己的价值需求一致，那么他就不会再"跳槽"换单位、换工作，因为找到了与自己的价值观一致的工作单位和岗位，也就找到了自己的"心之所属"，从而能够持续、稳定、有幸福感地把工作做好。

【练习】

　　以下是马云在阿里组织部"百湖回炉"上的讲话：

　　昨天我在上海见到一位马上要加入阿里的人，他问我有什么东西是需要重点关照的。我猜，问这个问题的人，基本上都是被卫哲这个事吓坏了。2011年2月21日下午消息，阿里巴巴B2B公司宣布，为维护公司"客户第一"的价值观及诚信原则，2010年公司清理了约0.8%、逾千名涉嫌欺诈的"中国供应商"客户，公司CEO卫哲因此引咎辞职。卫哲不是自己的价值观有问题。阿里的价值观不另类，是整个诚信商业社会都应该遵守的。我那次在组织部会议讲了，阿里巴巴的价值观不是马云的价值观。客户第一、团队合作、拥抱变化、诚信、激情、敬业，这六条我觉得没有一条是违背社会发展、商业发展的，所以这不是马云的价值观，而是我们这一代要做企业的人都得坚持的。新人加入阿里最难受的是什么？我觉得可能是"拥抱变化"。"拥抱变化"最容易的借口是：你看你看，老板在为犯错误找借口。请问谁不犯错？天下没有神，只有很有运气的人。有人把马云看成神，但我自己最清楚我是谁！我跟谁都一样，从来没觉得自己聪明过，也从来没觉得自己能干过。别人把你捧得高高的，不要以为你真的是高高在上了。运气是存在的，但我们这些人走到今天，心理承受能力、对事情的执着是超过普通人的。这也不是我第一天就有的，而是打着打着，打拼到今天为止，承受力就比别人强了。前几年我深更半夜会做梦爬山，而且是攀岩，上不去也下不来。一会儿这块石头松了，一会儿那块石头松了。晚上被这梦惊醒过很多次，我知道可能潜意识里有压力。我敢保证在座的每个人都有压力，在这个公司里面最难受的就是"拥抱变化"，因为没有人是"神"。

请归纳出阿里巴巴公司价值观的内容，并说出你自己的理解：

_____

_____

_____

_____

_____

_____

_____

**我的感悟**

通过本节课学习，我的收获是：

我将在自己的学习、工作和生活中做如下改变：

时间期限：

**延伸阅读**

# 职业锚理论及其应用

职业锚理论（Career Anchor Theory）是从美国麻省理工学院斯隆商学院著名职业指导专家埃德加·H.施恩教授领导的对该学院毕业生的职业生涯研究中演绎来的。施恩教授对斯隆管理学院的44名MBA毕业生进行了12年的职业生涯研究，具体包括面谈、跟踪调查、公司调查、人才测评、问卷等多种方式，最终分析总结出了职业锚（又称为职业定位）理论。

锚，是使船只停泊定位用的必不可少的器具。所谓职业锚，实际就是人们在选择和发展自己的职业时所围绕的中心，是指当一个人在进行自我职业选择的时候，他无论如何都不会放弃的对于所从事职业中的那种至关重要的东西，那就是根植于我们每个人内心深处的价值观。职业锚强调个人能力、动机和价值观三方面的相互作用与整合。职业锚是我们内心深层次价值观、能力和动力的整合体，它是职业决策时最稳定的因素，一般情况下一旦确定就很难改变。

1978年，施恩教授提出的职业锚理论包括五种类型：自主型职业锚、创业型职业锚、管理能力型职业锚、技术职能型职业锚、安全型职业锚。人们逐渐发现了职业锚的研究价值，越来越多的人加入研究的行列。在20世纪90年代，又发现了三种类型的职业锚：安全稳定型职业锚，生活型职业锚，服务型职业锚。同时推出了职业锚测试量表。

**自主/独立型职业锚（AU）**：喜欢能发挥所长、自主性高的工作，适合担任教师、咨询顾问、研发人员。此类人追求自主和独立，希望能用自己的方式、工作习惯、时间进度和自己的标准来完成工作，最大限度地摆脱组织的限制和制约。他们宁愿放弃提升或工作扩展机会，也不愿意放弃自由与独立。

**挑战型职业锚（CH）**：喜欢有难度的工作，能不断挑战自我，适合担任特种兵、专家等。此类人喜欢解决看上去无法解决的问题，战胜强硬的对手，克服无法克服的困难障碍等。对他们而言，工作的乐趣是去战胜各种不可能。应对新奇、变化和困难是他们的终极目标。

**创造/创业型职业锚（EC）**：喜欢不断有新的挑战目标，渴望变化，适合创新型的工作，如企业家等。此类人希望凭自己的能力去创建属于自己的公司或创造自己的产品（或服务），而且愿意去冒风险并克服面临的障碍，以证明自己的价值和意义。

**管理型职业锚（GM）：**精力充沛，喜欢富有挑战和压力的工作，适合担任公司高管。此类人对管理本身具有很大的兴趣，具有成为管理人员的强烈愿望，并将此看成职业进步的标准。他们有提升到全面管理职位上所需要的相关能力，并希望自己的职位不断得到提升，这样他们可以承担更大的责任，并能够作出影响成功或失败的决策。

**生活型职业锚（LS）：**强调工作和家庭的和谐，适合从事工作时间灵活的职业。此类人希望能有平衡个人、家庭和职业需要的工作环境。他们希望将生活的各个主要方面整合为一个整体。正因为如此，他们需要一个能够提供足够的弹性时间让他们实现这一目标的职业环境。为此甚至可以作出职业方面的一些牺牲，如提升带来的职业转换，他们将成功定义得比职业成功更广泛。

**安全/稳定型职业锚（SE）：**喜欢稳定、可预测的工作，适合担任银行职员、公务员。此类人追求工作中的安全与稳定感。因此，安全与稳定是选择职业时最基本、最重要的需求。在职业发展的过程中，如果可以预测将来的成功会感到放松。

**服务/奉献型职业锚（SV）：**喜欢从事有明显社会意义的工作，适合担任医护人员、社工。此类人希望职业能够体现个人价值观，例如帮助他人，改善人们的安全，通过新的产品消除疾病。他们关注工作带来的价值而不在意是否能发挥自己的才能或能力。

**技术/职能型职业锚（TF）：**注重工作的专业化，适合担任技术主管和职能部门经理。此类人对管理工作岗位如总经理工作缺乏热情，他们一般不喜欢成为全面的管理人员，而倾向于过一种"专家式"的生活，他们愿意成为一名职能部门经理，更看重自己在专业领域上的发展和成就。

经过30多年的发展，职业锚理论已成为职业生涯规划的必选工具。个人在进行职业规划和定位时，可以运用职业锚理论来了解自己所具有的能力，确定自己的发展方向，审视自己的价值观是否与当前的职业或工作相匹配。尝试各种具有挑战性的工作，在不同的专业和领域中进行工作轮换，对自己的资质、能力、偏好进行多方面客观的评价，最终找到自己潜在的"职业锚"。个人只有实现自己的定位和要从事的职业相匹配，才能在工作中更好地实现自己的价值。

**相关资源**

1.刘志明编著:《职业锚》,中国劳动社会保障出版社2007年版。

2.程社明著:《你的船　你的海：职业生涯规划》,新华出版社2007年版。

# 第六章　工作世界探索

## 学习目标

认知目标

● 认识到探索工作世界的重要性。

● 以积极的心态面对工作世界，消除对工作世界的刻板印象。

● 开拓思维，多角度、多途径获取工作信息。

技能目标

● 掌握多种获取和研究职业信息的方法。

● 能够使用多种方法与策略获取职业信息。

● 学会有效管理职业信息。

**认知与实践**

任何人都是社会的一分子，都不可能离群索居。采菊东篱下的逍遥故事只有在远古才可能发生。现今的社会，科学技术的发展改变了人们的生活方式和企业的运作模式。同时，在这个变革的社会里，没有一成不变的事物。今天最热门的技术，明天可能就无人理睬；去年时髦的职业，今年可能就被打入冷宫。因而个人要想谋求职业生涯的发展和成功，就必须考虑外部环境的需求和变化趋势，力求适应环境变化，进而突破窠臼。本章中，职业生涯探索视角将从内部转向外部，学习如何了解职业的发展变化规律；如何从浩如烟海的工作信息中通过多种途径寻找有效信息，从而让自己不困惑，不纠结。

**一、了解专业，形成职业概念**

跨入大学校门，同学们实际上已经开始了人生道路上初步的职业选择。在学校里，我们将根据专业系统地接受从事某些职业所需要的专门知识、技能、职业素质的培养。那么，什么是职业？当代职业发展的主要趋势是什么？我们学习的专业有什么特点？它的就业前景又怎样呢？了解了这些问题，我们的学习才会有针对性和主动性，也会对我们今后的职业选择和生涯发展大有裨益。

【练习】

1.我的大家庭

我所在院（系）的全称是：

_____

_____

我所学专业的名称是：

_____

_____

本专业的历史：（招生几年了？校企合作单位？……）

_____

_____

_____

_____

2.我的专业

本专业上一届毕业生的工作去向：

_____

_____

_____

_____

本专业的人才市场需求和就业前景：

_____

_____

_____

_____

本专业大学阶段比较重要的专业基础课和专业课：

_____

_____

_____

_____

3.我的想法

喜欢这个专业吗？如果喜欢，有什么打算？如果不喜欢，又该怎么办呢？

_____

_____

_____

_____

（一）职业概述

人总要在一定的职业生涯中工作和生活。职业是人类社会发展到一定阶段的产物，是随着社会分工的出现而产生的，并随着社会生产力的发展而不断发展变化。从社会角度看，职业是劳动者获得的社会角色，劳动者为社会承担一定的义务和责任，并获得相应的报酬；从国民经济活动所需要的人力资源角度来看，职业是指不同性质、不同内容、不同形式、不同操作的专门劳动岗位。从社会角度来看，职业具有以下功能：

（1）职业的存在和职业活动构成了人类社会的存在和社会活动。

（2）职业劳动创造出社会财富，从而为社会的存在和发展奠定物质基础。

（3）职业的分工是构成社会经济制度运行的主体。

（4）职业是维持社会稳定、实现社会控制的手段。

（5）职业的运动如职业结构的变化、职业层次间矛盾的解决是推动社会进步的一种动力。

总之，职业是人们利用专门知识和技能，参与创造财富的社会分工，并获取合理报酬，满足自身物质生活和精神需求的一种社会工作类别。它通常由名称、内容、要求、报酬等要素组成。

劳动，从事一份工作，是打开幸福大门的钥匙。从事一定的职业可以给人带来幸福和快乐。人一旦离开了一定的职业，就会变得百无聊赖、无精打采，甚至身体也会莫名其妙地垮下来。职业是人们生活方式、经济状况、文化水平、行为模式、思想情操的综合反映，也是一个人的权利、义务和责任的具体体现，是一个人的社会地位的一般性表征。从个人角度来看，职业具有以下功能：

（1）职业是个人获得经济收入的来源，是个人维持家庭生活的手段。

（2）职业是促进个性发展的手段。

（3）职业能够改变人的生活方式。

（4）职业是个人在社会劳动中从事具体劳动的体现，是个人贡献社会的途径，是劳动者创造人生价值的舞台。

（二）职业的特征

1.社会性

职业是社会发展到一定的阶段后随着社会分工而逐渐产生的，没有社会分工就没有职业；任何职业又都不是孤立的，都是与其他职业及其系统紧密相连的；人们在不同的职业岗位上从事职业活动都是参与社会活动的过程。

2.经济性

从事职业是人们赖以谋生的劳动过程中所具有的逐利性一面。职业活动既满足职业者自己的需要，同时也满足社会的需要。

3.专门性与技术性

任何职业都是不断发展和完善的，专业化程度要求越来越高。其中，技术含量和技术规范的要求也相对更高了，这就要求社会的分工越来越专门化和技术化。

4.稳定性

职业的产生、发展和消亡需要一个较长的过程，受多种因素的影响。职业必须具有在一定时期内的相对稳定性，临时性的活动不能称之为职业。但随着现代社会的发展，职场变化频繁，职业的稳定性逐渐降低，消亡周期也明显缩短。

5.时代性

职业随着时代的变化而变化，社会生产力的发展是职业发展的基础，社会需求是职业发展的直接动力。在当今社会需求增加的情况下，新兴的职业不断产生，对应的过时的职业逐渐萎缩，直至消亡。

6.发展性

职业的发展性是强调职业对于人自身的发展体现出的价值，人通过将自己的智慧和精力奉献给所从事的事业，使自己的人生价值得以体现。可以说，职业是人发展的舞台，任何人的发展都离不开职业。人的不断发展和进步，也正是职业对其提出的新要求，必须不断适应社会的快速发展。

## 二、当代社会的职业概况与发展趋势

伴随着经济的发展、社会的进步、科学技术的飞跃发展，职业结构调整的频率越来越快，老行当渐行渐远，新职业风生水起。曾几何时，粮油票证管理员、物资供应员、蔬菜作价员等与计划经济紧密相连的工种，在市场经济大潮的冲击下已无迹可寻；淘粪工、铅字排版工等老行当，已成为人们记忆中模糊的风景。电话、传真、即时通信软件等现代通信工具的发展，使得电报员、电报投递员等职业近乎销声匿迹。旧职业的落败和淘汰，新职业的孕育和生长，不仅仅记录了职场发展的轨迹和程度，而且在更广阔的背景下折射出时代风云和社会变迁。了解社会的职业现状和未来发展趋势，是塑造职业成功人生的必要前提。

（一）劳动力市场现状

1.劳动力总量的供给仍大于需求，人才供求结构性矛盾突出

现代经济学理论认为，失业分为三种：总量失业、摩擦失业和结构性失业。总量失业，是由于劳动力总供给大于总需求而引起的失业。摩擦性失业，是由于人们在不同地区或生命周期的不同阶段变动职业而引起的失业。结构性失业，主要是由于经济结构发生了变化，现有劳动力的知识、技能、观念、区域分布等不适应这种变化，与市场需求不匹配而引发的失业。目前，劳动力总量过剩和结构性失业交织在一起，对中国大学毕业生的就业产生了影响。

2.面向第三产业类的职业、与高新技术有关的职业更加发达

随着社会的发展，以服务为主的第三产业类职业将得到全面发展，在产业结构中的比重将得到很大提高。现代服务业成为职业发展的重点领域。

3.社会职业结构变迁的速度愈来愈快，职业要求不断更新

随着产业结构和行业结构变迁速度的逐渐加快，因新的工作设备和条件的变化，对一些职业的职业内容有了新的要求。

4.脑力劳动职位在社会职位总额中所占比重越来越大

各种就业岗位需要更多的受过良好教育、掌握最新技术的技术工人，单纯体力劳动或机械操作职业明显减少，脑力劳动职位在社会职位总额中所占比重越来越大。

5.工作选择形式多样化

工作的形式有很多种，最常见的就是全职工作，即连续为同一雇主工作。很多毕业生在求职时希望能够找到一份全职工作，因为其具有相对的保障和稳定性。兼职工作是近些年增长很快的工作形式，其虽然收入不一定高，也不够稳定，但对学生尤其是希望继续读书又受限于经济条件的学生来讲，是很好的增加社会经验的途径。自由职业，或称SOHO（small office house office），是目前社会上比较受追捧的一种自雇的工作形式，是一个人的经营模式。这种工作具有自由、开放的性质，但风险性相对较大，因此，选择此种工作形式的人通常具有良好的心理安全感、自我管理能力和自信心。还有一种工作形式是自我创业，做一个企业家，它的特点是要雇佣其他人经营企业，具有高风险、高回报的性质。

其实有多少工作形式，如何对它们进行分类并不重要，关键是随着社会的进步和发展，提供给个人的机会越来越多，大学生在进行生涯规划时要注意到这些可能性，给自己更大的选择空间。

（二）未来职业发展趋势

根据国内外关于未来职业发展趋势的调查，随着世界经济社会文化和科学技术的发展，社会上的行业结构将发生很大的变化，未来社会对人才需求的情况也会发生重大调整。

六大科学技术领域：

（1）生物技术领域。主要指的是以基因工程、蛋白质合成工程以及生物制品开发为核心的研究领域。

（2）以信息技术为主导的高科技领域，包括计算机和互联网、人工智能等。

（3）新材料科学领域。如各种合金、超导材料、半导体、高分子材料等。

（4）新能源及相应技术领域。作为传统能源的石油、天然气、煤等已不能满足人们的需要，人类必须寻找新能源来代替这些将会耗尽的能源。其中，核聚变能、太阳能、海洋能、风能、水电能等将成为未来能源开发的主导领域。

（5）空间技术领域。随着科学技术的发展，人类对太空的利用越来越多，效率也不断提高。

（6）海洋技术与海洋资源开发领域。

上述六个科学技术领域在未来的发展中可以形成九大科技产业，包括生物工程、生物医药、光电子信息、智能机械、软件开发、新材料开发与制造、核能与太阳能等新能源开发、空间技术与开发、海洋技术与开发产业。

新职业是指经济社会发展中已经存在一定规模的从业人员，具有相对独立成熟的职业技能，《中华人民共和国职业分类大典》中未收录的职业，包括：全新职业——随经济社会发展和技术进步而形成的新的社会群体性工作；更新职业——原有职业内涵因技术更新产生较大变化，从业方式与原有职业相比已发生质的变化。

**【练习】**

结合当前形势，列出你所学专业就业前景的利好信息和不利信息：

利好信息：

_____

_____

_____

不利信息：

_____

_____

_____

### 三、工作世界探索的内容

知己知彼，百战百胜。在进行职业决策之前，除了深入认识自我，还必须从社会环境、组织（企业）环境及具体职业三个方面对职业作深入的分析了解。

（一）社会环境分析

影响职业生涯的社会环境因素主要包括以下三方面：

1.经济发展水平

"宁要浦东一张床，不要西部一套房"曾是过去毕业生中广为流传的一句话。一直以来，北京、上海、广州、深圳等大城市以其高薪酬、经济体系完整、经济规模大、就业机会多等优势吸引着众多毕业生将其作为就业地首选。值得提醒的是，期待到这类城市就业的毕业生也要认识到，机会与压力是并存的，选择北、上、广、深一线城市，需要付出更大的努力和做好更充分的求职准备。

随着毕业生就业观念的成熟，选择政治中心、省会城市的概念正逐步淡化，毕业生选择单位所在地的标准越来越多元化，求职心理也更趋理性。

2.社会文化环境

主要包括教育水平、教育条件和社会文化设施等。在良好的社会文化环境中，个人受到良好的教育和熏陶，从而能够为职业发展打下更好的基础。

3.制度和政策

政治和经济是相互影响的，国家各种政治制度及经济政策不仅会影响到经济的发展，也会影响到个人的职业发展。大学生在校读书期间，不能一心只读圣贤书，要国事家事天下事事事关心，对各种影响因素加以衡量、评估，作为职业决策的参考依据。

【练习】

国家每年都会制定发布大学生就业政策，摘抄一下你认为对自己有用的内容：

_____

_____

_____

_____

了解本专业上一届毕业生的工作去向，记下自己可以尝试的岗位：

_____

_____

_____

_____

## （二）组织（企业）环境分析

### 1.男女都怕入错行——行业环境分析

职业是按劳动者的工作内容来划分的，行业是按产品和服务内容来划分的，行业可以被看作是企业的集合。例如家电行业，包括生产电视机、洗衣机、空调、冰箱等不同类型具体产品的若干家企业。

分析行业环境的时候，一定要结合社会大环境发展趋势，还要注意国家政策的影响，看一看国家对某一行业是扶持还是限制制约，尽量选择有前景、发展空间较大的行业。

【练习】

选择一个你感兴趣的地区，了解相关信息。

地区经济发展形势：

_____

_____

_____

_____

该地区给你提供的发展机会：

_____

_____

_____

_____

你看好的行业：

_____

_____

_____

_____

影响你职业选择和发展的重要社会因素：

_____

_____

_____

_____

2.为自己挑个好老板

之前我们分析了关于选择职业和行业的问题，它是你对于"做什么"的回答。假设你敲定了这个主音，其实你还有一些伴奏可以选择，它们同样也是实实在在的问题，比如"谁将成为你的雇主"。选择雇主是择业中很重要的环节，可从以下几方面具体分析希望就职的单位：

（1）企业实力。

（2）企业领导人。

（3）企业文化和制度。

总之，组织发展前景好、良好的组织文化、融洽的工作环境，以及与员工辛勤付出相匹配的薪酬，是用人单位招揽高素质人才的首要条件，尤其是良好的发展规划和前景是很多高素质人才选择雇主时最看重的一点。在整个选择过程中，自我能力还是最重要的，因为显而易见，越好的单位，就会有越高的门槛，做好充分的求职准备才能为你赢得更大的选择空间。

（三）走进心仪的职业

确定职业目标的前提是尽可能充分地了解职业，并据此判断职业是否真的如你心中所向往的。应重点了解职业的以下方面：

（1）职业内容。

（2）职业工作方式和环境。

（3）职业带来的工作满足。

（4）职业要求的知识和任职资格。

你对以上几项内容都有所了解后，一定想知道怎样才能从事这种职业。即需要什么样的知识技能准备、什么样的身体能力和知识结构才能胜任这一工作。这也是我们下一步为实现目标制订具体行动计划的"标杆"。

【练习】

收集几项你能做或者你想做的岗位需求信息，填入下表：

| 企业 | 岗位 | 岗位要求 | 待遇情况 | 资料来源 |
|------|------|----------|----------|----------|
|      |      |          |          |          |
|      |      |          |          |          |
|      |      |          |          |          |
|      |      |          |          |          |
|      |      |          |          |          |

#### 四、工作世界探索的意义和方法

（一）探索工作世界的意义

**1.促进职业规划和生涯决策**

工作世界信息内容多，涵盖面广，如果大学生能够清晰、全面地了解，认真研究用人单位要求及工作发展的普遍路径和规律等，就能够结合自己的特点制订详细的计划并作出合理的生涯决策，找到属于自己的工作，而不是盲目跟风追逐所谓"好工作"，最后却迷失在求职大军中。

**2.增进自我认知**

大学生的自我认知与职场对其的认识有很大的不同。大学生的自我认知一般是以自己在大学期间的各种表现为依据，而职场对其的认识一般以能否满足实际工作需要为依据；大学生的自我认知往往带有青年人自视清高乃至自傲、自狂的优越感，而职场对其的认识往往带有轻视新人、排斥新人的特点。所以，在探索工作世界的过程中，大学生要适应社会对其的认识，从而调整自我认知。

**3.培养积极的人生态度**

在探索工作世界的过程中，在接触到社会的一些消极面，如复杂的人际关系、独断的领导、落后的管理方式等后，有些人可能一蹶不振，有些人则迎难而上，以自己的坚强意志实现社会角色的顺利转换。

**4.提升个人能力**

工作世界的探索更多地需要大学生自己来完成。在这个探索的过程中，大学生的多种能力，比如自我管理能力和勇于探索的能力等，会得到相应的锻炼和提升。

**5.预测未来职业发展**

工作世界信息可以帮助大学生预测未来可能发生的情况，以便预先作出准备，在探索的过程中也会了解到风险的所在，并为此做好心理准备。

（二）探索工作世界的方法

职业领域是一个庞大的系统，目前社会上职业的种类成千上万，大学生不可能逐一去认识每一种职业，然后再来判断是否适合自己。进行职业探索之前，必须确立可行的方法。

1.通过个人兴趣、能力和职业价值观探索职业

（1）如果你喜欢某个领域，那么，在这个领域中有你所能胜任的或者擅长的职业吗？

（2）如果你喜欢某个领域，而且这个领域中有你所能胜任的职业，那么，这些职业的现状如何？发展前景如何？能满足你的价值需求吗？

（3）如果你希望自己的职业是受人尊敬的，那么可以了解一下最受人尊敬的十大职业是什么。其中，有适合你的吗？

通过类似以上的一些思路，就可以找到一些了解职业的途径。

【练习】

深入了解你的专业：

你所学的专业毕业生应该具有什么能力和素质？

_____

_____

_____

_____

需要哪些职业技能证书？

_____

_____

_____

_____

拥有这些能力和素质的人都能从事哪些职业？

_____

_____

_____

_____

2.通过职业分类探索职业

要对庞大的工作世界进行探索，一种有效的方法就是将成千上万的职业进行分类，然后对自己感兴趣的职业类群进行识别和了解。

（1）霍兰德职业环境分类（前面有介绍，此处略）。

（2）安妮·罗的职业分类。安妮·罗博士在她的著作《职业心理学》中创建了一种被广泛使用的职业分类法，该分类法把职业分为八大类。

服务——这些职业主要与服务于和照顾他人的个人品位、需要和安康有关。

商业——这些职业主要与面对面地销售商品、投资、房地产以及服务有关。

组织——这些行业主要与企业和政府的组织有效运作有关。

技术——这个群体包括与商品、水电气的生产、维护和运输有关的行业。

户外——这个群体包括农业、渔业、林业、矿业和相关行业。

科学——这些职业具有特殊性，它渗透到社会生活的各个领域。

文化——这些职业主要与文化遗产的继承和传播有关。

艺术和娱乐——这些职业主要包括与创造性艺术和娱乐中特殊技能的使用有关的行业。

《中华人民共和国职业分类大典》中的职业分类。《中华人民共和国职业分类大典》是我国对职业进行科学分类的权威性文件，代表了我国的职业分类标准。它把职业划分为由大到小、由粗到细的四个层次：大类（8个），中类（75个），小类（434个），细类（1481个）。其中，细类为最小类别，即职业。

（三）获取职业信息的渠道

1.静态的资料接触

（1）出版物。

（2）视听资料。

（3）网络。快捷获取职业信息的网络资源有中国就业网（http://www.chinajob.gov.cn/）、中华人民共和国人力资源和社会保障部网站（http://www.mohrss.gov.cn）等。

2.动态的资料接触

（1）专业俱乐部。

（2）专业协会/学会。

（3）行业展览会和人才交流会。

（4）职业生涯人物访谈。

3.参与真实情境

（1）直接观察（访问工作现场，现场观察）。

（2）直接工作经验（实习、兼职工作）。

【练习】

填写下列表格。

我知道，至少可以通过下面这些办法找到一份工作：

| 途径 | 事先准备内容 | 基本步骤 | 可能用到的技巧 |
|---|---|---|---|
| | | | |
| | | | |
| | | | |
| | | | |
| | | | |

【活动】

思考一下自己对什么职业感兴趣。找到你可以联系到的这类职业的组织或个人，对其进行一次"人物生涯访谈"，结合你从各个渠道了解到的这个职业的相关信息，完成你的《个人职业信息表》。

**个人职业信息表**

职业的名称：

_____

职业的内涵、工作性质和工作职能：

_____

_____

_____

_____

所需的教育背景、培训和经验：

_____

_____

_____

_____

要求的个人资历、技能和能力：

_____

_____

_____

_____

收入（薪酬范围、福利待遇等）：

_____

_____

_____

工作条件和工作时间：

_____

_____

_____

_____

工作地点：

_____

_____

_____

_____

该职业中典型人群的人格特征：

_____

_____

_____

_____

就业和发展前景：

_____

_____

_____

工作中的个人满意度：

_____

_____

_____

_____

工作的利和弊：

_____

_____

_____

_____

**我的感悟**

本次课我感触最深的地方是：

我将在自己的学习、工作和生活中做如下改变：

时间期限：

**延伸阅读**

## 一、"灰领"职业浮出水面

"白领""蓝领"，大家都已经耳熟能详，"灰领"是什么大家知道吗？

比较权威的说法是，"灰领"是既能动脑又能动手的复合型技能人才，指具有较高的知识层次、较强的创新能力、掌握熟练技能的人才。根据工作的行业和工作性质，"灰领"可以理解为在制造企业生产一线从事高技能操作、设计或生产管理工作，以及在服务业提供创造性服务的专门技能人员。他们不仅是某些关键生产环节中的操作者，还是整个生产环节的组织者；同时他们还具备很强的技术革新、项目改进能力。

"革新高手"鲁宏勋。技工学校毕业生，中国航天工业第一集团公司空空导弹研究院加工中心操作高级技师，中华技能大奖获得者。在科研生产中，先后实现百种工装夹具和工艺方法革新，编制了数千个数控加工程序，总结出先进、高效、系统的数控加工方法，为我国空空导弹重点型号产品的成功研制作出突出贡献。

"能工巧匠"高凤林。技工学校毕业生，中国航天科技集团公司第一研究院特种熔融焊接高级技师，全国十大能工巧匠，中华技能大奖获得者。在火箭发动机焊接工作岗位上刻苦钻研，大胆创新，实现技术革新近百项。提出和创造多层快速连续堆焊加机械导热等多项新工艺方法，攻克运载火箭发动机大喷管焊接难关，高标准地完成多种运载火箭重要部件的焊接任务。

"灰领"概念的出现，也要求大学生在读书期间就要走进车间，站到第一线，在实际操作中实践从书本上学到的各种知识。


## 二、动物职业介绍所

大猩猩开了一家动物职业介绍所，他在电视上做了个广告：尊敬的各位朋友，你有合适的工作吗？你想充分发挥自己的特长吗？请到大猩猩动物职业介绍所，它能让你如愿以偿！

广告登出不久，就有动物报名了。第一位报名的是龙虾，龙虾急匆匆地说："猩猩所长，我是粮仓管理员，可我一不小心，大钳子就戳破了米袋子，米就漏了出来。请你帮帮忙，帮助我找一份合适的工作，好吗？"

大猩猩所长笑着说："龙虾先生别着急，我想办法帮助你。你的大钳子像把剪刀，裁衣服倒挺合适，你可以当个好裁缝！"

龙虾非常乐意地当上了一名裁缝。

第二位报名的是青蛙，他说："猩猩所长，我是歌唱演员，可观众们都说我的歌声太难听，请你帮帮忙，帮助我找一份合适的工作，好吗？"

大猩猩所长笑着说："小青蛙，别着急，我来帮助你。你的歌声不好听，可你是游泳的行家，你当游泳教练肯定行！"

小青蛙想想：对呀！我游泳棒极了，我就当一名游泳教练吧。小青蛙非常高兴地当上了游泳教练。

第三位来报名的是袋鼠妈妈，她急得快要哭了。她说："猩猩所长，我是一名理发员，可这个工作一点儿也不适合我，请你帮帮忙，帮助我找一份合适的工作，好吗？"

大猩猩所长笑着说："袋鼠妈妈，你别急，我来帮助你。你不是有个大口袋吗？当邮递员准合适。"

袋鼠妈妈高兴地点点头。

一天一天过去了，大猩猩所长真能干，帮助许多动物找到了合适的工作：小狗当上了警察，小猴成了路灯管理员，大象开了浴室，蚯蚓是个合格的天气预报员，松鼠当上了粮仓管理员……

动物们都找到了适合自己的工作，他们忘不了大猩猩所长的帮助，买来鲜花表示感谢。猩猩所长笑着说："我们每个人都有自己的长处，每个职业都有自己的要求，找到自己的长处，分析出职业的特点，就不愁找不到合适的工作啦！"

### 相关资源

国家职业分类大典和职业资格工作委员会编：《中华人民共和国职业分类大典》，中国劳动社会保障出版社1999年版。

# 第七章　理性选择　果断决策

**名人名言**

我们的决定决定了我们。

——［法］萨特

**学习目标**

认知目标

● 认识到个人信念对职业发展所产生的影响，辨识和纠正个人的非理性信念，愿意以开放的心态不断修正个人对自我和工作世界的认识。

● 能够为自己承担责任，自主决策，并落实到行动中。

技能目标

● 能够辨认自己在重大问题上常用的决策风格，掌握计划型的决策方法。

**认知与实践**

目前，你应该已经找到了一些职业前景，收集了一些信息，努力去增强自己的动力，了解自己的能力与价值观，并将自己的职业选择删选到一个合理的数目（10—15个）。这样，你就已经为自己的职业决策奠定了基础，现在该是收获的时候了。

人们在职业选择的过程中总避免不了要做决定，而人们的决策风格在很大程度上会影响决策的有效性。

## 一、决策模式与影响决策的因素

【练习】

### 反思个人的决策风格

请回想迄今为止你在生活中所做的五个重大决定，并按以下几个方面予以描述：

1.目标或当时的情境：

_____

_____

_____

2.你所有的选择：

_____

_____

_____

_____

3.你作出的选择：

_____

_____

_____

_____

4.你的决策方法：

_____

_____

_____

_____

5.对结果的评估。请分别记录下来：

_____

_____

_____

_____

　　想一想：你如何描述自己在上述几项中的决策风格？它们有共同之处吗？

当你作一番回顾的时候，你有没有想过自己通常采用了什么样的决策模式？

　　我的五个重大决定：

_____

_____

_____

> 我在重大事件上通常采用的决策风格：
>
> _____
>
> _____
>
> _____

（一）决策模式

常见的决策模式有以下几种：

（1）痛苦挣扎型：花很多时间和精力来确认有哪些选择，收集信息，反复比较，却难以作出决定。

（2）冲动型：抓住遇到的第一个选择，不再考虑其他的选择或收集信息。

（3）拖延型：将对问题的思考和行动都往后推迟。

（4）直觉型：将自己的直觉感受作为决定的基础。

（5）宿命型：将决定留给境遇或命运。

（6）从众或随大流型：顺从别人的计划而不是独立地作出决定。

（7）瘫痪型：承担了自己做决定的责任，却无法开始决策过程。

哪种决策风格最符合你的情况？

重大的决策往往会使人在心理上产生紧张感。当人们感觉到压力、焦虑，试图作出重大的决策时，人们就逐渐形成了某种决策模式或风格。不同的决策风格都有其优劣之处，都可以在某种程度上满足决策者的需要，重要的是识别自身的决策风格，并针对自身决策风格存在的缺陷，有意识、有针对性地进行调整，避免自己的决策风格缺陷带来的决策弊端，尽量科学决策。

（二）影响职业决策的因素

决策何以难为？这是因为决策总是具有风险性，需要我们为其后果承担责任；同时，影响决策的因素相当复杂，而且其中有许多阻碍。

决策的风险使得很多人采取了听天由命、随大流或让父母等他人做主的方式，来逃避对决策结果所要承担的责任。但这样的人在逃避决策和责任的同时，也逃离了自由。因为世上万事，几乎总是有这样那样的风险。不冒风险的人可以逃避挫折和悔恨，但同时也丧失了学习、感受、变化成长、生活和爱的机会。其实，生活中最危险的事就是不去冒险。只有敢于冒险的人，才是自由的。

【练习】

### 了解影响决策的因素

首先写下3个你已经作出的决定，然后按下表指出哪一个因素影响你的决定，影响的程度有多大。用"△"代表决定1，用"□"代表决定2，用"○"代表决定3。

决定1（△）：

决定2（□）：

决定3（○）：

| 外部因素 | 轻微影响 | 中度影响 | 强烈影响 |
|---|---|---|---|
| 1.家庭成员的期望 | | | |
| 2.家庭责任 | | | |
| 3.文化歧视的成规 | | | |
| 4.性别歧视的成规 | | | |
| 5.生存需要 | | | |
| 6.其他因素（具体说明） | | | |
| 内部因素 | 轻微影响 | 中度影响 | 强烈影响 |
| 1.缺乏自信 | | | |
| 2.对变化的恐惧 | | | |
| 3.害怕作出错误决定 | | | |
| 4.害怕失败 | | | |
| 5.害怕嘲笑 | | | |
| 6.其他因素（具体说明） | | | |

1.影响个人职业决策的因素

影响职业决策的因素是复杂的，著名职业辅导理论家克朗伯兹将影响个人职业决策的因素划分为四类：

（1）遗传和特殊能力。遗传的一些特质，如性别、外表特征、智力、个人天赋等，在某种程度上决定了个人的职业表现或影响到个人的生涯。

（2）环境和重要事件。很多影响因素来自外部环境，这是求职者个人所无法改变和决定的，包括人类活动（如社会、文化、政治、经济活动和家庭、教育活动）的影响和自然力量（如自然资源的分布或自然灾害等）的影响。很显然，家庭的社会经济地位（偏远农村还是沿海城市，是否贫困家庭），家庭对于个人的期望（如是否重视教育），所在地区的教育水平、经济发展程度，就业环境的优劣和行业发展特点等都会在很大程度上影响个人的决策。

（3）学习经验。这里所说的"学习"是广义的学习，即个人在日常生活中不断积累的经验和认识。每个人在其成长过程中都积累了无数的学习经验，个体的学习经验是独特的，而其对于个体的职业生涯选择又具有重要的影响。

（4）任务取向的技能。受到上述种种因素的作用，个人在面临一项任务时，会表现出特定的工作习惯、解决问题的能力、心理状态、情绪反应和认知的历程。面对困难，有的人勇于挑战，敢于创新；有的人畏首畏尾，不能承担重任。不同的人在面临工作任务和困难时所表现出来的心态、习惯和能力，其实反映了他们不同的任务取向的技能。

2.职业生涯决策的四大要素

任何一个合理的职业生涯决策的作出，都需要考虑和分析决策的目标、选择、结果、评价，这些也被称为职业生涯决策的四大要素。为确保四大要素的合理性，在进行职业生涯决策时，还要考虑以下几个问题：

（1）我可以做什么 —— 分析环境中的挑战与机遇。

（2）我能够做什么 —— 分析自己的优势与局限。

（3）我想要做什么 —— 个人的价值取向、兴趣爱好等。

（4）我应该做什么 —— 是否符合社会价值、家庭期望、个人期望等。

3.职业生涯决策的步骤

整个决策过程可分为以下几个步骤：

（1）界定明确、具体的需要确定的目标和问题，明确做决定的最后期限与适当时机。

（2）澄清自己的价值。分析自己的价值观、生活方式、感兴趣的事物或个人的需求及期待。

（3）收集有关的资料或向他人询问。

（4）权衡各个可能选择的方案的利弊。

（5）依照前面的分析结果，选择适宜的方案。

（6）做决定并拟订行动计划。

（7）将计划付诸实施。

（8）评估计划实施结果。

## 二、大学生存在的主要的职业生涯问题

为什么大学生会有很多职业生涯问题呢？原因是多方面的：首先，从中学到大学，实现了两个完全不同的生活、学习环境的跨越，容易使大学生们手足无措；其次，当今

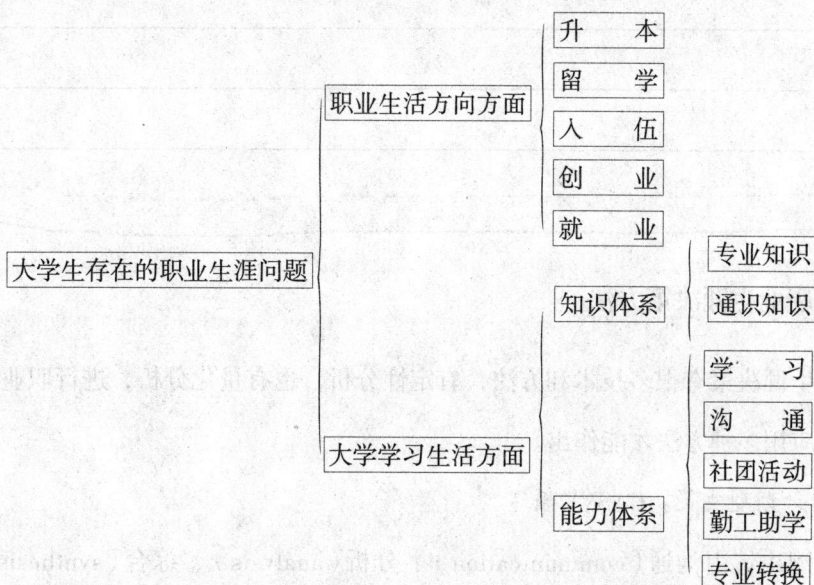

图7-1 大学生存在的职业生涯问题

社会是高度开放和高速发展的社会，大学生自由选择和发挥的空间越来越大，但选择多也容易让人产生迷茫；最后，由于就业形势严峻，大学毕业后能否找到一份心仪的工作，成了大学生心中挥之不去的顾虑。如何处理就业、升本、生存、发展等问题，难以找到一个最有说服力的答案。然而，必须清楚的是，不管是茫然还是无奈，埋怨和消极对待无济于事，积极解决自己的职业生涯问题才是正确的选择。大学生存在的职业生涯问题主要表现在两个方面，如图7-1所示。

【练习】

请采用联想的方法，列出自己目前在职业生涯方面存在的问题：

_____

_____

_____

_____

_____

_____

_____

_____

### 三、职业生涯决策方法

职业生涯决策有很多技术和方法，有定性分析，也有量化分析，进行职业生涯决策往往需要应用多种方法才能作出。

（一）计划型决策：CASVE循环

计划型决策由沟通（communication）、分析（analysis）、综合（synthesis）、评估（evaluation）、执行（execution）五个步骤组成，其简称为"CASVE循环"（图7-2）。

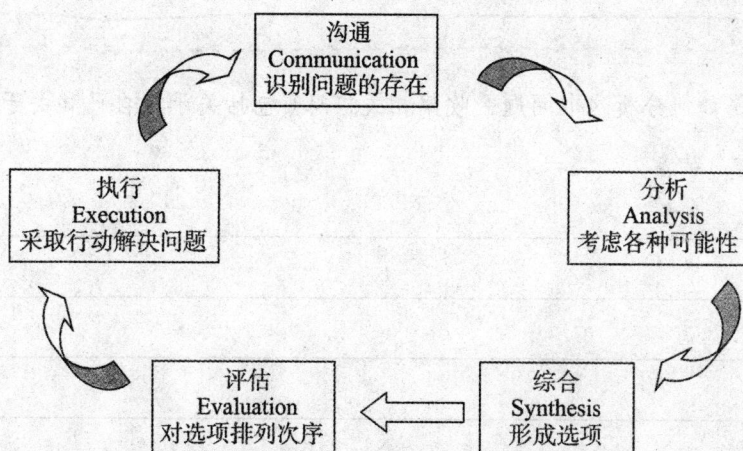

图7-2 CASVE循环图

CASVE循环是一个不断重复的过程，在执行阶段之后，生涯决策者又回到沟通阶段，以确定选择是不是最好的，是否能最有效地消除理想与现实间的差距。

【练习】

**分析你的决策CASVE循环**

请使用CASVE循环来分析你在本章第一个练习中所写的五个重大决定以及你现阶段面临的职业决策问题。可以参考以下问题进行：

你是怎样意识到自己的需求的？

_____

_____

_____

_____

_____

_____

_____

你是如何分析这个问题、收集相关信息（包括关于你自己和关于问题解决的信息）的？

_____

_____

_____

_____

_____

_____

你是如何形成解决方案的？以你今天的眼光，你是否能看到自己当时所没有看到的其他可能性？

_____

_____

_____

_____

_____

你是如何在不同的解决方案之间作出选择的？你的选择标准是什么？

_____

_____

_____

_____

_____

_____

你是如何落实行动的？过程是否如你所预期的那样？

_____

_____

_____

_____

_____

你怎样评价自己当时的决策过程？你对结果感到满意吗？如果不满意，是哪个步骤出了问题？

_____

_____

_____

_____

_____

如此分析了五个重大决策的过程之后，你对于自己的决策模式有了哪些新的了解？这对你处理现阶段所面临的职业决策问题有什么指导意义？

_____

_____

_____

_____

_____

（二）决策平衡单法

平衡单法将不同的选择方案放在自我、他人以及精神、物质四个维度进行评估，兼顾了内部需求和外部环境因素，是一种职业生涯决策的好方法。该方法用于决策职业生涯方向很有效。平衡单法可以帮助我们具体地分析每一个可能的选择，考虑各种方案实施后的利弊得失，最后排出优先顺序，确定选择方案。

在自我—物质方面的考虑因素主要包括：薪水、福利待遇、工作环境、休闲时间、生活变化、工作胜任程度、升迁机会、对健康的影响等；在他人—物质方面的考虑因素主要包括：给家庭带来的经济支持、对家庭地位的影响、与家人相处的时间等；在个人—精神方面的考虑因素主要包括：成就感、自我实现、生活方式、工作的挑战性、社会地位和声望的影响等价值观，以及个人兴趣爱好、家人是否支持等；在他人—精神方面主要涉及父母、师长、配偶、孩子等。这些因素是平衡单法的重要组成部分，也是对每个可能的选择进行理性分析的重要内容。

【练习】

### 生涯决策平衡单

将你的各种生涯决策水平排列在决策平衡单的顶部。

在平衡单的左侧，垂直列出你在"自我—物质方面的得失""他人—物质方面的得失""自我—精神方面的得失""他人—精神方面的得失"四个方面的重要价值观和考虑因素。

给各种价值观和因素按1—5的等级分配权重。一项价值观或因素的重要性越大，它的权重就越高。5为最高权重，表示"非常重要"；3代表"一般"；而1代表"最不重要"。对自我需求和价值观的准确了解，是给价值观和考虑因素制定权重的前提。

按照各项生涯选择满足个体价值观和考虑因素的程度进行打分。分值在

"—5"到"＋5"分之间，其中"＋5"表示"价值观和考虑因素在该生涯选择中得到了完全的满足"，"0"表示"不知道或无法确定"，而"—5"表示"价值观和考虑因素完全未能得到满足"。

将各项生涯选择的得分与各项价值观和考虑因素的权重对应相乘进行计分，将结果记录在相应的空格内。

将每一选择下所有的正负积分相加，得出它的总分。对所有总分进行比较和排序。

### 生涯决策平衡单

| 选择<br>项目<br>考虑因素 | 权重<br>1—5 | 选择一 | | 选择二 | | 选择三 | |
|---|---|---|---|---|---|---|---|
| | | 加权分数（＋） | 加权分数（—） | 加权分数（＋） | 加权分数（—） | 加权分数（＋） | 加权分数（—） |
| 个人—物质方面的得失<br>1.<br>2.<br>3.<br>4.<br>…… | | | | | | | |
| 他人—物质方面的得失<br>1.<br>2.<br>3.<br>4.<br>…… | | | | | | | |
| 个人—精神方面的得失<br>1.<br>2.<br>3.<br>4.<br>…… | | | | | | | |

续表

| 选择<br><br>项目<br>考虑因素 | 权重<br><br>1—5 | 选择一 | | 选择二 | | 选择三 | |
|---|---|---|---|---|---|---|---|
| | | 加权分数（＋） | 加权分数（－） | 加权分数（＋） | 加权分数（－） | 加权分数（＋） | 加权分数（－） |
| 他人—精神方面的得失<br>1.<br>2.<br>3.<br>4.<br>…… | | | | | | | |
| 总分 | | | | | | | |

在使用决策平衡单的时候，要注意其目的不仅在于得出最后的排序结果，填写的过程也很重要。因为列举各项考虑因素、给各项价值观分配权重，以及给各项选择打分的过程本身，就是在帮助个人理清自己的思路。这样一个仔细思索和反复推敲的过程，可能比单纯得出一个结果更为重要，更能够帮助个人作出适合于自己的决策。

（三）SWOT分析法

SWOT分析法最早是由美国旧金山大学的管理学教授海因茨·韦里克在20世纪80年代提出来的。SWOT分析是市场营销管理中经常使用的一种功能强大的分析工具，是检查个人技能、能力、职业、喜好和职业机会的有用工具。通过它，我们很容易知道自己的优点和缺点在哪里，并且会详细地评估出自己感兴趣的不同职业道路的机会和威胁所在。

1.优势分析——自己出色的地方，特别是与竞争对手相比处于优势的方面

（1）曾经做过什么？

（2）学习了什么？在校期间，从专业课程中获得了什么？接受过什么培训？自学过什么？有什么独到的想法和专长？

（3）最成功的是什么，为何成功？

2.劣势分析——与竞争对手相比处于弱势的方面

（1）性格弱点。

（2）经验或经历中所欠缺的方面。

3.机会分析——有利于职业选择和职业发展的一些机会

（1）对社会大环境的认识和分析。

（2）对自己所选企业的外部环境分析。企业在本行业中的地位与发展趋势如何？面对的市场怎样？有无职位空缺？需要具备哪些条件？

（3）人际关系分析。

4.威胁分析——存在潜在危险的方面

知识过时、同行竞争、薪酬过低等，特别是知识过时。这样步步追问，一幅清晰的职业生涯机会前景图就呈现在你的面前。需要注意的是，运用SWOT法进行职业生涯机会评估时，要尽可能考虑全面，权衡各种发展机会，然后从中选出最优的发展机会。

【练习】

仔细地对自己做一个SWOT分析评估，列出你五年内最想实现的3—5个职业生涯目标。

| 个人优势 Strength | 个人劣势 Weakness |
|---|---|
| 环境机会 Opportunity | 环境阻碍 Threat |
| 总体分析 | |
| 发展计划 | |

（四）积极的心理暗示：预演未来

## 【活动】

### 生涯幻游

在舒缓的背景音乐下，请大家以舒缓的姿势坐好，深呼吸，放松。然后，由老师以缓慢轻柔的语言念出下面的指导语：

请轻轻地闭上你的眼睛，想象现在是五年后的某一天，一个平常的工作日。早晨，你从一夜的安睡中醒来，想到即将开始的一天，心中充满了兴奋和期待。你起身，从衣橱中挑出你今天上班要穿的衣服。现在你正站在镜子前装扮自己，你穿什么样的衣服呢？（停顿）现在你开始吃早饭。有人跟你一起吃早饭吗？还是你一个人吃？（停顿）接下来，你准备去上班。你是在家里办公吗？如果不是，你工作的地方在哪里？离你家有多远？你乘什么样的交通工具去那里？（停顿）

现在你正走向你工作的地方。它位于什么地方？看起来怎么样？（停顿）你做些什么工作？你主要是操作器械、工具，还是跟人打交道？你的办公场所是什么样的？是在室内还是在室外？（停顿）你跟别人一起工作吗？你跟他们会有一些什么样的交往？（停顿）

到吃午饭的时候了，你准备去哪里吃饭？跟谁一起去？你们会谈论些什么问题？（停顿）现在回到工作中来，完成这一天的任务。下午的工作与上午的工作有什么不同吗？（停顿）你什么时候结束工作？离开前完成的最后一项任务是什么？（停顿）一天的工作结束了，你会怎样度过夜晚的时间？（停顿）夜里，当你躺在床上回想这一天，有哪些事情让你感到愉快和满足？为什么？（停顿）

当你准备好时，请睁开眼睛，并静静地坐一会儿。

请将你在"生涯幻游"中所感受到的细节记录在下面：

_____

_____

_____

_____

通过上面这个"生涯幻游"练习，我们可以了解自己理想的生活形态。其中无论是对我们的衣着、交通工具，还是工作内容和场景的幻想，都可以告诉我们很多信息，让我们更加明确自己的理想和目标。

决策时应注意以下事项：

（1）处理好个人职业心理特征的冲突。例如，能力与兴趣和价值观之间发生冲突。对于感兴趣的职业，可能因能力较低或不具备这种能力而发生矛盾，这时理智的选择应以能力为基础，再来考虑符合兴趣和价值观的职业。

（2）确定外部的影响因素及力量。认识了职业及职业自我后便可以确定一个相对适合的初步选择范围，做出最终决策要考虑多方面的因素，并经过分析，找出可能的促进因素或冲突因素。找到了解决冲突的方法就可以做最后的决定。

（3）不同选择的利弊得失分析。最后选择是否合理、科学，可能通过选择后的分析来判断。可以主要从个人、家庭、亲友以及社会几个方面的得失来进行分析。

## 四、目标设立与行动计划

### （一）目标的重要性

法国大文豪莫泊桑有这么一句名言："人生活在希望之中，旧的希望实现了，或者泯灭了，新的希望的烈焰随之燃烧起来。如果一个人只是过一天算一天，什么希望也没有，他的生命实际上也就停止了。"

没有蓝图，无法建成高楼大厦；没有目标，难以拥有美好人生。明确而适合的目标，是漫漫职业生涯途中的灯塔，可以指引人们趋向成功。目标之所以有用，在于它能帮助我们从现在走向未来。国家有了明确的目标，全国人民就能拧成一股劲，力往一处用，为目标的实现不懈奋斗。个人有了明确的发展目标，就有了拼搏向上的动力。目标让我们看到未来，目标让我们自信。自信的人才能自强、自律，才能自觉地规范自己的行为，为目标的实现顽强奋斗。规划自己的职业生涯，就是将理想的人生化为现实的人生。

作为大学生，在了解自己的基础上选准适合自己的发展方向，明确具体的发展目标，及时抓住机遇，扬长避短地发展自己，在职业生涯发展的道路上就会比较顺利。只有当个人在头脑中对自己的职业发展方向有清晰的概念，他的生命才会有意义和方向，才会避免随波逐流，浪费青春。而这也许是人生中最珍贵的财富之一。

（二）目标设立的原则

尽管设定了自己的职业生涯目标，但并不是所有目标都能转变成为现实。只有符合SMART原则的目标才有可操作性。

1. specific：明确、具体

目标必须明确而具体，明确描述出每一项工作职责所需要完成的行动，充分了解每一个行为的目的，不能含含糊糊。真正了解了什么是最重要的事情，才能有助于合理安排时间，未雨绸缪，把握现在。只有制定了具体的目标，才能清晰地评估每一个行为的进展和效率。即使眼下还没有最终完成目标，也能看到阶段性的成果，从而产生持续的信心、热情与动力。

2. measurable：可衡量的

目标必须能量化，可测定，要有定量数据，如数量、质量、时间等，这样才能有可以衡量成功或失败的标准，从而可以准确地评价自己是否实现了自己的目标。

3. achievable：可完成的

目标要定得恰到好处。一是要合理，在个人可控制的范围之内。如果目标定得太高，怎么努力也不能实现，不但无所成就还会打击自己的信心。二是要有一定的挑战性。如果目标定低了，不费力气就能达到，既不能收获成长进步，同时也没有成就感。

4. rewarding：有价值的，有意义的

实现这个目标，可以给自己带来成就感，实现自己的人生价值；反之，则会使自己有所损失。

5. time-limited：时限性

任何目标在制定时都必须规定起始和完成的时间，以克服人的惰性。

6. controllable：可控的

在SMART原则的这几条标准之外，还有一条原则对于目标设立非常重要，那就是可控性。可控性主要是指自己对影响目标实现的因素具有相当的控制能力。

采用上述原则设立目标的好处是：它使你所制定的目标有实现的可能，并且可以帮助你在一段时间之后回顾总结自己所取得的进步与存在的不足，明确自己该干什么以及干得怎么样。

（三）行动计划

在确定了职业生涯目标后，行动便成了关键的环节。没有达成目标的行动，就不能达成目标，也就谈不上事业的成功。这里所指的行动，是指落实目标的具体措施。行动计划和职业目标是相对应的，长期的行动计划是在长期职业生涯目标的指导下制订的，诸如学习、培训、进修、人际交往提升、体格锻炼、潜能提升等行动计划，使个体在知识、能力和综合素质等各方面不断获得提升和进步，逐步向职业目标迈进。长期职业生涯目标要靠不断达成短期目标来实现。短期的目标和行动计划具有高度一致性，比如一周内要掌握多少单词，近期读完几本相关资料，复习完哪几门功课，如何锻炼身体、强健体魄等具体目标。目标要靠行动计划的严格执行来实现，职业决策者要定时检查自己行动计划的执行情况，不断反馈、调整，使自己在知识、实践技能、职业素养等各方面向长期目标迈进，直至实现自己的职业理想。职业生涯规划的行动计划，应从一生的发展写起，然后分别定出10年、5年、3年、1年计划，以及一月、一周、一日的计划。越是近期的计划应该越明确、清晰、具体。我们完全可以在每一日的生活中做一些微小的事情，一步一步接近自己的理想，而不必在等待中虚耗生命。

请根据以下这张清单逐一回顾自己的计划成果，看看自己是否真的学会了制订计划。

（1）在制订计划的过程中，你是否能够做到以重要的事情为中心？

（2）你的行动是否能够始终符合目标的要求？

（3）你是否能够明确自己行动的主次顺序？

（4）你是否能够把任务委托给他人？

（5）你是否拥有足够的自律能力？

【练习】

### 设立个人职业目标及行动计划

根据目标设立的指导原则，构思自己职业生涯发展道路上的五年目标。

你的五年目标：

_____

_____

_____

_____

_____

要达到这一目标，你需要经过哪几个步骤？

_____

_____

_____

据此设立你在一个月内的短期目标和行动计划。你在一个月内的短期目标：

_____

_____

_____

_____

你在两周内的短期目标：

_____

_____

_____

_____

_____

到了你设定的短期目标的实现期限时，回答下列问题：

你是否实现了自己设定的目标？

_____

_____

_____

_____

_____

你为什么能够/不能够实现自己设定的目标?（请你应用目标设立的指导原则加以解释。）

_____

_____

_____

_____

_____

_____

你是否需要对自己的目标作一些调整？怎样调整？

_____

_____

_____

_____

_____

_____

**我的感悟**

本次课我感触最深的地方是：

我将在自己的学习、工作和生活中作如下改变：

时间期限：

延伸阅读

## 故事与启示

1952年7月4日晨，美国西海岸笼罩在浓雾中。在海岸以西约34千米的卡塔林纳岛上，34岁的弗罗丝·查德威克正在挑战向加州海岸游过去。要是成功了，她就是第一个游过这个海峡的妇女。但是经过15小时55分钟之后，她放弃了这次冲击。其实，人们拉她上船的地方，距离加州海岸仅有约0.9千米。事后，弗罗丝说，令她半途而废的不是疲劳，不是寒冷，而是——在浓雾中看不到目标！

相关资源

1.〔美〕斯科特·普劳斯著：《决策与判断》，施俊琦、王星译，人民邮电出版社2004年版。

2.方伟主编：《大学生职业生涯规划咨询案例教程》，北京大学出版社2008年版。

# 第八章  职业生涯管理

自古不谋万世者，不足谋一时；不谋全局者，不足谋一域。

——[清]陈澹然

## 学习目标

认知目标

●认识到职业生涯规划是一个在实践中不断通过反馈与修正进行调整的过程。

●愿意为职业生涯发展的转变做好心理准备。

技能目标

●能够正确评估自己的生涯状态，对职业生涯进行管理。

**认知与实践**

### 一、认知概念

职业生涯管理是一个有争议的概念。为了减少学术性，提高理解这个概念的效率，我们把"职业生涯管理"的概念区分为狭义和广义。

狭义的"职业生涯管理"是指由组织的人力资源管理部门根据组织发展需要而采取的了解员工、激励员工从而实现组织目标的管理方法，是一个计划、开发、执行和控制的动态过程。因此，组织的职业生涯管理不可避免地会带上管理者的思想印痕。虽然也有一些企业组织认为他们进行员工职业生涯开发与管理是为了追求人性化的发展，帮助员工成才、成功，但一般而言，企业利益最大化是核心目标。在现实中，我们发现个人的职业生涯规划总与环境有关系，大多数人总是在某一组织中从事某种职业，个人的职业生涯规划必然会受到该组织的影响。也就是说，当你在选择明天时企业也在选择未来，二者是一个互为依存的关系。在此条件下，就产生了广义的"职业生涯管理"。

广义的"职业生涯管理"是指通过个人和组织的共同合作，将个人的职业生涯目标与组织的目标结合起来的管理过程。因此，广义的"职业生涯管理"包括个人职业生涯管理和组织职业生涯管理两个方面，是二者彼此的互动与选择。正如施恩先生的观点，他将职业分为"内职业"与"外职业"。"内职业"是个人追求的职业，"外职业"是对组织而言的职业。其核心是内职业与外职业的有效匹配，使双方的需要得到满足，彼此受益。但我们要注意，个人职业生涯管理的重点是个人，价值体现是个人，主角也是个人，虽然它离不开组织的影响、组织的管理。与此同时，组织职业生涯管理的重点、主角是组织，虽然组织必然是由个人组成的组织。简言之，个人职业生涯管理是"个人优先式"，组织职业生涯管理是"组织优先式"。

一般认为，价值观（文化）是否认同，是个人与组织职业生涯管理互动的核心，要求与能力是否匹配是个人与组织职业生涯管理互动的条件。了解这一点有助于理解为什么企业看重求职者是否认同企业文化。

本教材从广义的角度使用"职业生涯管理"的概念。

## 二、个人职业生涯管理的维度和阶段

（一）个人职业生涯管理的维度

关于个人职业生涯管理的维度，同学们仅作参考和了解，并无统一的说法。有学者认为个人职业生涯管理包括职业生涯规划、职业生涯策略和主动性三个维度，也有人认为主要是职业生涯规划和职业生涯策略两个维度，还有人认为是四个维度，即职业探索、职业目标和策略制定、继续学习、自我展示和注重关系。

（二）个人职业生涯管理的期限

我们把个人职业生涯管理的期限分为早期、中期和晚期三个阶段。每个阶段的时间起止界定不是绝对的，也不可能是绝对的，仅是你思考这个问题的大致参照。

1.早期阶段（20—30岁）：探索与适应

早期阶段一般是指一个人结束职前学习或职前学习相对告一段落，由学校进入职场并开始"社会化""组织化"的阶段。在这一阶段，你从一个学生变成一名员工，也可能从单身生活进入家庭生活。

这一阶段在身心特征方面，是一个人精力充沛、积极向上、谋求发展的阶段，但也难免高估自己、浮躁冲动。这一阶段你的职业发展特征主要表现为职业探索和职业适应。与此特征相适应，你的个人职业生涯管理要多关注几个"重新认识"。即重新认识职业、重新认识社会、重新认识组织、重新检视自己、重新塑造自己（如温和不暴躁、从容不急躁的品格，不断学习、调整心态的策略等）。

2.中期阶段（31—50岁）：建立与维持

经过了不断探索和适应的早期阶段，必然来到职业生涯的中期阶段。这一阶段在身心特征方面，精力旺盛与身心疲惫相伴；家庭负担与情感变化相随；工作压力与人际关系变化交错；机会与挑战、成就与成本并存。这一阶段你的职业发展特征主要表现为职业建立和职业维持。与此相适应，你的个人职业生涯管理要注重处理好以下几种关系：稳与变（拓宽与守正）的关系（即职业稳定与不断挖掘工作潜力、工作机会的关系）、终身学习与合理结构（指知识和能力结构）的关系、职业成功与平等待人的关系、追随内心与兼顾外在的关系、家庭与事业的关系、成就与健康的关系等。

### 3.晚期阶段（51—65岁）：行稳与退出

经过了漫长的职业建立和职业维持阶段，不可避免地来到职业生涯的晚期阶段。这一阶段在身心特征方面，会表现出体力日下、安于现状、淡泊人生的状态。这一阶段你的职业发展特征主要表现为稳中有退。与此特征相适应，你的个人职业生涯管理可能关注以下问题：接纳现实，悦纳自己；发挥余热，培养新人；发现价值，拓展生涯。

## 三、个人职业生涯管理的方法

### （一）PDCA循环法

PDCA是美国管理专家休哈特博士首先提出，由戴明采纳、宣传的质量管理理论，因此PDCA循环法也称"戴明循环法"。PDCA由四个英文单词的首字母构成，即计划（plan）、执行（do）、检查（check）、处理（action）。这里的"action"是一种经过检查后的纠正和修正，因此我们在此可理解为"优化行动"。PDCA管理理论和方法广泛应用于许多领域，大家不妨用这个思路尝试管理你的个人职业生涯规划。它是一个从计划、实施、检查到优化循序渐进的持续改进模式。

### 1.计划（Plan）

"计划"即职业生涯规划制定的过程以及制定的结果。一般包括自我评价、环境评价、职业定位、确立目标、实施策略等。需要注意的是，你在制定职业生涯规划时虽然已经涉及执行、策略、路径等内容，但这些仅仅是"纸上的行动"，所以它仍然属于PDCA循环的"计划"阶段。

### 2.执行（Do）

这一阶段是按计划和方案实施。好的计划归根到底在于执行。我们常说，要心动，还要行动，要知行合一。在执行过程中，还要不断对方案和执行本身进行分析总结，时刻把握方案的科学性、合理性以及执行过程的可操作性，为下一阶段准备条件。

### 3.检查（Check）

方案是否有效、目标是否完成，需要进行检查后才能得出结论。检查需要从时间（速度）和标准（质量）两个方面去衡量。通常某阶段生涯规划的大目标下可能分好几个子目标对应的阶段，其中每一个阶段都可以作为一个检查点。检查的标准以当初设定的计划为准，看是否达到了预定的目标（即时间和标准）。如果完成了计划，那么执行是成功的；相反就不成功。

4.处理（Action）

对于检查不成功的目标进行判断，是计划有问题还是执行有问题。如果计划有问题，就应当调整计划进入一个新的PDCA循环；如果执行有问题，应该分析自己在时间、精力上的投入是否不足，方法上是否不妥。深入挖掘导致执行不成功的因素，找到原因后针对问题点加以改进，进入下一个PDCA循环。

（二）反馈与修正法

我们常说，计划不如变化。职业生涯规划在实施过程中，既要有顶层设计的愿景，又要有摸着石头过河的准备。无论是社会环境、组织环境、公共政策还是我们自身，都处于不断的变化之中。这就要求我们不断地审视自我、重塑自我，调整策略与目标，我们把这个通过反馈进行评估并修正的过程叫作反馈与修正法。有些学者将这种方法加入了"评估"的概念，其实道理相同。为了简约明了，我们以"反馈与修正法"表述。

对大学生而言，在校期间，反馈与修正的重点是各项基本技能的提升，实习实训经验的积累，以及对社会和企业组织的认知。进入职场后，反馈与修正的重点是"人职匹配""人企匹配"和"潜能开发"。

1.反馈与修正的内容

（1）自我重新分析——通过与环境的互动，思考是否真的认识了自我。

（2）职业生涯目标分析——是否需要重新选择职业？

（3）职业生涯路线分析——是否需要调整发展方向？

（4）实施策略分析——是否需要改变行动策略？

（5）其他因素分析——包括健康状况、家庭变故、经济状况、新的机遇、意外情况等方面的分析。

2.反馈与修正的具体做法

（1）反思法。反思以下问题：

①职业生涯规划中计划的学习目标是否实现？

②能力方面有哪些收获？

③我值得这么做吗？

④方法、策略上是否有必要调整？

⑤是否需要调整职业生涯规划？

调整职业生涯规划是一个"大手术"，应考虑的因素包括：

第一，环境因素。从宏观层面认识到职业生涯发展的局限性，面对大环境，个人只能适应，改变的可能性微乎其微。

第二，组织因素。要改变组织因素也非常困难。与其改变，不如重新选择。

第三，个人因素。你要不断问自己，也可以让你的好朋友、你的家人帮助你澄清：到底是你的原因，还是"环境"的原因。职业生涯规划调整是一个挑战，但你可以把这个挑战当成是进一步认知自己和环境的机会，进而完善自己。

（2）调查法。调查法是指在每一个近期目标实现后，对下一步的主观环境和客观环境进行调查研究，看看条件是否有变化，哪些变好，哪些变坏，总体如何，要做到心中有数。然后，根据变化了的情况恰当地修改下一步的计划。

（3）对比法。一般而言，每个人都有自己擅长的方法。所以，在职业生涯管理时应多比较、多思考，以开放的心态吸取他人方法上的优点，补足自己的不足。

（4）求教法。求教法就是把自己的思考和想法与同学、朋友、长辈或专业人士进行交流。通过交流，发现自己的"思维定式"、方法局限等不足。

总而言之，反馈与修正的具体做法因人而异、因时而异、因事而异，要学会实事求是，从实际出发。另外，还要不断提升自己。管理学中有个"木桶理论"，即一只沿口不齐的木桶，其容量的大小取决于最短的那块木板。这个理论告诉我们，在反馈与修正的过程中，重要的是结合环境的变化，发现自己在知识、能力、素养、方法和策略等方面的短板，然后想办法补足或修正。唯有如此，你的职业生涯这只木桶才能有更大的容量。

3.反馈与修正应该达成的目标

（1）更具体地认识到自己所长。

（2）更真实地看到发展机会。

（3）更准确地找到改进之处。

（4）更理性地看待目标。

（5）更现实地发现路线和策略。

（6）更包容地倾听并答谢那些给予你反馈、帮助你修正的人。

以上介绍的个人职业生涯管理的两种方法，不论是PDCA循环法还是反馈与修正法，都可以贯穿于个人职业生涯管理的早期、中期和晚期以及某一个小阶段。总之，职业生涯管理就是自我和行为对"环境"作出的适应性管理。

## 四、职业生涯"成功"之评价

首先，在深层次上，所谓"成功"并没有统一的标准。其次，职业生涯的不同阶段，你对"成功"的理解也不尽相同。有的人追求职务晋升，有的人欣赏工作的意义，有的人丰富工作的内容，有的人看重平淡而平安的日子，有的人更喜欢财富带来的满足感与成就感。如果说"职业生涯成功"，简单的判定方法，那就是你实现了自己追求的目标。

一般而言，有五种不同的职业生涯成功方向：

（1）进取型——逐渐达到集团和系统的最高地位。

（2）安全型——追求认可、安全、尊敬并成为"圈内人"。

（3）自由型——在工作过程中得到最大的自由而不是被控制。

（4）攀登型——善于抓住具有挑战性、冒险性和"擦边"的机会。

（5）平衡型——在工作和家庭、物质和精神、过程和结果等方面实现有意义的妥协与平衡。

需要强调的是，职业生涯与家庭责任之间的平衡，对于每一个人都至关重要。每个人在生命周期中都扮演着多种社会角色。有些社会角色是不可逆的（如作为子女或父母的角色）。我们可能放弃一种职业，却不能放弃这些角色。因此，作为一个具体的人，要对职业生涯成功进行评价，只有综合考虑个人、家庭、企业、社会等各方面的因素，才可能比较客观和全面。下面的评价体系（表8-1）供你参考。

表8-1 职业生涯成功评价体系

| 评价方式 | 评价者 | 评价内容 | 评价标准 |
|---|---|---|---|
| 自我评价 | 本人 | 自己的才能是否充分施展？<br>对自己所作的贡献是否满意？<br>对自己的职称、职务、薪金待遇是否满意？<br>对处理职业与生活的关系是否满意？ | 根据个人价值观或个人职业价值观。 |
| 家庭评价 | 父母、配偶、子女等家庭成员 | 是否理解和肯定？<br>是否给予支持和帮助？ | 根据家庭文化或理念。 |
| 企业评价 | 上级、平级、下级 | 是否有下级或平级同事的认同？<br>是否有上级的肯定和表彰？<br>是否有责权利的扩大？<br>是否有综合待遇的提高？ | 根据企业文化、理念、制度及经营结果。 |
| 社会评价 | 社会舆论、社会组织 | 是否有社会舆论的支持和好评？<br>是否有社会组织的认可和奖励？ | 根据社会组织以及舆论导向的理念、制度。 |

**【案例】**

有两个台湾观光团到日本伊豆半岛旅游，路况很差，到处都是坑洞。一位导游连声说路面简直像麻子一样。另一个导游却诗意盎然地对游客说："我们现在走的正是赫赫有名的伊豆迷人酒窝大道。"

同样的情景，不同的意念，不同的态度。在转念之间，事物呈现出了不同的奇妙景观。

**【活动】**

### 八十岁生日回想

用舒服的姿势坐好，闭上眼睛，尽量放松。

想象：今天是你八十岁的生日。你的家人、儿孙、亲戚、朋友将为你举办一个盛大的生日晚会。家里到处张灯结彩，你的生日晚会就要开始。此刻，你独自坐在书房，外面是隐隐约约的悠扬音乐和热热闹闹的人声。回想八十年已经过去，人生弹指一挥间，有哪三件事你为之感到自豪和愉快？

当你想好了之后，请睁开眼睛，并把你的答案写在下面。

---

---

---

---

## 我的感悟

本课程使我感触最深的是：

我将在自己的学习、工作和生活中作如下改变：

时间期限：

**延伸阅读**

## 一、"职业生涯规划"概念的价值取向

在本课程即将结束时，我们已经很熟悉"职业生涯规划"这个概念。如同本章学习的"个人职业生涯管理"概念一样，"职业生涯规划"的重点是个人，价值体现是个人，主角也是个人。简言之，职业生涯规划也是"个人优先式"。

## 二、初入职场：从学生到员工

大学三年即将结束，你将正式步入职场，实现从学生到员工的转变。一方面，前方似乎机会多多，令你激动；另一方面，许多学生时的青涩想法不等于现实，让你沮丧。从校园到社会是人生一个比较大的变化，通过阅读下面的内容，可能有助于你理解"学生"和"员工"不同的维度，事先做好心理准备。

### 大学环境和工作环境

| 大学校园文化 | 工作环境文化 |
| --- | --- |
| 弹性的时间安排；<br>你可以选课；<br>更有规律、更个别的反馈；<br>长假和自由的节假日休息；<br>问题有确定的答案；<br>教学大纲提供清晰的任务；<br>以分数作为评价标准的个人竞争；<br>工作循环周期较短；<br>奖励以客观标准为基础。 | 更固定的时间安排；<br>你不能缺工；<br>无规律和不经常的反馈；<br>没有长假，节假日休息不多；<br>问题的答案可能需要"悟性"；<br>任务的边界不清晰；<br>以团队业绩进行评价；<br>持续数月或数年的工作循环；<br>奖励可能有主观标准的成分。 |
| 你的老师 | 你的老板 |
| 鼓励讨论；<br>任务完成有可以预期的时间；<br>期待公平；<br>以知识、能力、素养为核心的导向。 | 通常对讨论不感兴趣；<br>紧急工作需要立即完成；<br>并不总是公平；<br>以利益为核心的导向。 |
| 大学的学习过程 | 工作的学习过程 |
| 抽象性、理论性原则；<br>系统性、结构性、模块化的学习；<br>个性化的学习。 | 具体的问题解决和决策制定；<br>以工作场景或临时事件中的问题为导向的学习；<br>合作性、分享性的学习。 |

**相关资源**

1.影片《三傻大闹宝莱坞》。

2.陈德明、祁金礼主编:《大学生生涯规划与管理》,高等教育出版社2008年版。